JN084584

第二言語習得研究の科学
Second Language Acquisition
Research

1

言語の習得

大瀧綾乃

中川右也

若林茂則

［編］

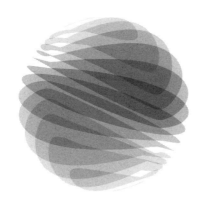

くろしお出版

発刊にあたって

　20 世紀の終わりから 21 世紀にかけてインターネットが発達したことで，私たちの生活は大きく変わり，生活のあらゆる部分が世界とつながっている。スマホやコンピュータを手にしない日はなく，同時に，英語を目にしないこともなくなった。駅の案内や道路標識も，今や，日本語だけで記述されていることは少ない。多くの日本人にとって第二言語である英語は，すでに私たちの生活の一部になっている。一方で，英語をどのように身につけるか，どうやって勉強すればよいか，どう教えればよいかという問題に対する私たちの考えはどうだろう。大きく変わったかと言えば，YES と答える人は少ないだろう。それでいいのか。

　英語教育については，小学校での英語教育の教科化や大学入試の改革など，充実が図られているように見える部分もある。しかし，そこでは，いつ誰が誰に何をどう教えるかという教育の中身の議論については，基盤となる理論やデータがほとんどない（というよりは，無視されている）。本来，英語教育を語るには，英語がどのように習得されるかという視点から，学習者の状況や変化を記述・説明する基礎研究が必要であり，その研究成果を反映する形で英語教育の充実を考えるべきである。本シリーズは，この問題—すなわち，習得の仕組み，学習者の記述，英語教育の充実—に取り組む研究を集め，かつ，なるべく多くの読者に届けようと考えて編まれた 3 巻である。個別事象の実証的研究から人間の能力に関する理論・モデルまで，第二言語習得・学習・指導を取り巻く「科学研究」を扱っている。

　科学研究の重要な点は，再現可能性にある。研究の実験や論理展開が的確であれば，だれがその事象を扱っても，同じ結果になる（だろう）という前提に立っていることである。実際に研究を進める時には，研究者が自らの感性を発揮しつつ，合理的な説明と実証的なデータを駆使して，問題を明らかにし，その問題を解明する。読者の皆さんには，記述・説明の大切さを読み取ると同時に，各研究の背後にある研究者の感性に触れていただきたい。

　本シリーズの各章は，大学で言語習得・言語指導・言語学を学ぶ学部生および大学院生を念頭に置いて書かれている。外国語を勉強中の方や教えていらっしゃる学校現場の先生方にも，これらの研究の魅力に触れていただけることを願って編集した。また各章の章末に，著者からの「外国語教育にかかわる人が知っておくべきポイント」「執筆者から読者へのメッセージ」を掲載した。こちらもぜひ参考にしていただきたい。

　全体で3巻の構成とし，第1巻では「言語の習得」について，第2巻では「言語の指導」について，第3巻では「人間の能力」について全28稿，計30名の研究者に寄稿していただいた。「第1巻 言語の習得」では，音・単語・文法について，それらを使用する際に観察される学習者の行動，行動の基盤となっている規則・システムや，その規則・システム構築の引き金となる要因について，記述・説明が行われている。「第2巻 言語の指導」では，ことばの指導法や指導の影響について，人がことばを身につける際，教師のふるまいや教材，教室活動がいかに影響するかという問題が扱われ，具体的なデータやモデルを基に，考察が行われている。「第3巻 人間の能力」では，人がことばを身につけるとはどのような生物的・心理的メカニズムに基づくのかという問題について，様々なアプローチに基づく研究の方法とこれまでの成果が紹介されている。

　なお，本シリーズは，第二言語習得研究，外国語教育研究で大きな貢献をされた白畑知彦氏の静岡大学退職を記念し，企画されたものであることを記しておきたい。編集担当の5名だけでなく，執筆者全員が白畑氏から影響を受けている。中には共同研究をしたり，指導を受けたり，海外の学会に一緒に何度も出かけた者もいる。白畑氏は，第二言語学習者の行動について，実証的データを的確な方法で収集し，理論に基づいて分析・考察することを大切にし，それを続けていらっしゃった。日本第二言語習得学会初代会長としての役割も大きく，会長引退後も20数年にわたって同学会の運営委員として活躍されてきた。そのおかげもあって「科学的な第二言語習得研究」が，日本における研究領域として確立されたと言っても過言ではない。同時に，この実証的・理論的アプローチは，英語教育研究全体にも影響を及ぼし，世界の英語教育の潮流とも相まって，現在，日本で広く行われるようになった。

　最後に，本書の構想段階からご協力くださった，くろしお出版の池上達昭

様に，心より感謝申し上げたい。白畑氏の活躍だけでなく，同社の支援で第二言語習得研究と英語教育研究の世界が大きく前進したと確信している。

令和 5 年初春

編者　大瀧綾乃
須田孝司
中川右也
横田秀樹
若林茂則

第1巻　まえがき

　人間を人間たらしめる言葉が，一体どのように習得されるのかと問われて，詳細に全てを妥当な方法で語れる人はいないであろう。そのくらい壮大な謎をテーマとして，様々な理論に基づき，反証可能な科学的方法で論証していくのが第二言語習得研究である。地味だが緻密な手順によって，着実に1つ1つのことを明らかにしていくため，言語習得について，わかってきた部分もあるが，未だわかっていない部分の方が多いと言ってもよいかもしれない。しかしながら，そのような地道な積み重ねが，やがては壮大な謎の解明につながると信じ，そのロマンを追い続けているのが第二言語習得を研究する者である（と思っている）。

　第二言語習得研究の科学シリーズの嚆矢となる第1巻は，「言語の習得」である。第二言語習得研究の本質とも言える言語習得に関して，脳の中で，どのように言葉が処理されているのかといった認知のメカニズムを解明することを試みた内容である。産出された言語を分析して，主に習得の過程を音声と文法の側面から探った研究となっている。

　言葉は，人から発せられる音声や意味，そして適切な規則に従って文を作り上げる文法から成り立っている。第1巻は10章で構成されており，第1章と第2章では音声，第3章から第9章は個々の文法項目，第10章では文法項目の困難度の順序に関してそれぞれ習得という観点から扱っている。どの章においても首尾一貫しているのは，「なぜ」そのような言語習得の過程を経るのかについて，合理的な説明を与えようとしている点である。具体的には次のとおりである。

　音声に関して，プロソディーと呼ばれる英語のリズム等がコミュニケーションを円滑にする理由（第1章），言い間違いが産出される理由（第2章）について述べられている。

　文法に関して，名詞の可算・不可算の区別（第3章），3単現の -s（第4章），前置詞（第5章）に焦点を当て，日本語母語話者にとって，それぞれの文法項目の習得が困難である理由を検証している。また，間違った使役文の産出（第6章）や Be 動詞（第7章），受動態（第8章と第9章）が英語学習者

によって過剰に使用される理由を論じている。続いて，時制や名詞の複数形，語順など，文法項目の習得困難度の順の調査結果が提示されている（第10章）。

　本書は，言語学や言語習得を学んでいる，あるいは，ことばを教えることに携わっている方を対象としている。専門的な内容ではあるものの，幅広く一般の読者にも読みやすいよう，内容はできるだけ平易な説明で書かれている。専門用語を使う必要がある場合には，その説明を付記するか参照すべき文献を示すなどして読みやすさを優先するように努めた。なお，読者の方は，興味・関心がある章から読み進めていくこともできる。全ての章を読み終えれば，ある程度，第二言語習得の研究手法もわかるようになっている。第二言語習得研究に関するテーマを発見して，研究へと繋げ，発展できる内容になっていれば望外の喜びである。

　本巻は，先述したとおり，音声と文法の側面から，謎に満ちた言語習得の過程へアプローチした研究論文が収録されている。続巻の第2巻「言語の指導」と第3巻「人間の能力」も併せて読んでいくと，有機的に知識がつながり，さらに第二言語習得研究について理解が深まるに違いない。

令和5年初春

第1巻　編者　大瀧綾乃

中川右也

若林茂則

目　次

1

英語音声の習得

―プロソディーの重要性―

上田　功

1.　はじめに

　成人が外国語・第二言語を習得する場合，発音には必ず母語の訛りが現れ，学習者はこれを克服しながら目標外国語の音声体系を習得するという過程を辿る。本章ではこのプロセスについて，日本語を母語とする学習者の英語習得という，われわれの最も卑近なケースについて，特に母音や子音などのいわゆる単音ではなく，強勢やイントネーション等の，プロソディーと呼ばれる側面にフォーカスを当てて考察する。

2.　なぜプロソディーなのか
2.1　プロソディーの軽視

　世間の英語教育に対する関心は高く，会話が重視される現在，多くの発音教育の入門書や解説書が出版されている。大きな書店に行くと，これらは「外国語」コーナーの一角を占めて，多くの書籍が堆く積み上げられている。これらの多くは，英語の母音や子音などの解説や練習に多くのページが割かれ，いわゆるアクセントやイントネーションなどは，相対的に軽く触れるにとどまっているものが多い。今，母音，子音など，いわゆる単音を分節音と呼ぼう。そして分節音が複数連続して生ずる現象，例えば強弱のアクセントや高低のイントネーション，そしてそれらが作り出す英語のリズム等を，プロソディーと呼んでおく。

　読者はこれまでどのような発音教育を受けてこられたであろうか？おそらく，余程の専門家を除いては，英語のプロソディーについて，体系的な教育を

受けた人は皆無と言ってよく，学校での英語の時間に，音読などで，個々の語のアクセント位置に関して注意を受けたり，陳述文，Yes/No 疑問文，WH 疑問文，命令文等の個々の構文のイントネーション形を，英語教育の初期の段階で習ったに過ぎない人が多いのではないだろうか。また分節音についても，教科書に解説がある場合でさえも，授業では扱わなかったり，ALT 任せになっていたり，また付属の音声教材を聴いて，自分で真似をするように言われた人も多いと思われる。このように全体的に軽んじられる発音教育のなかでも，プロソディーはもっとも軽視されているといっても過言ではないだろう。

2.2 発話の場面と修復可能性

　本項では，軽視されているプロソディーが，英語の音声習得では，きわめて重要であることを論ずる。前述した多くの発音教本や入門書では，日本語母語話者は英語の [l] と [r] の区別が苦手であり，この 2 音の解説と練習は必ず含まれていると言ってよい。その際に次の様な例が挙げられる[1]。

(1)　A: Do you also eat bread in Japan?
　　　B: Yes, but many people still eat a lot of lice.
　　　A: Oh, boy! Why lice?
　　　B: ???

要するに，日本語母語話者である B は，[l] と [r] の区別をつけられないために，rice（米）と発音すべき所を lice（しらみ）と言ってしまい，大変なことになったという例である。このような信憑性に乏しい逸話的な例は多くの発音教本に見られるが，少しここで立ち止まって考えてみよう。日本語母語話者が何の脈絡もなく，We eat lice ということはない。すなわち，発話には必ず場面・状況がある。このような発話がなされるのは，どのような場面・状況であろうか。例えばレストランに入って，コース料理をオーダーし，「パンとライスとどちらになさいますか」と店員に聴かれたとき，「私たちは通常ライスを食べる（ので，パンではなくライスにしてください）」と言う場合や，ある

1　池浦・泉・板倉 (1990)。話者をはっきりさせるために，A と B は筆者が加えた。

いは食文化の話になって，日本人の主食は何かという話になった時などである。事実，(1) においても，A は Do you also eat bread in Japan? と，食生活に関して質問をしている。それならば，B がたとえ Yes, but many people still eat a lot of lice と答えたとしても，食生活でしらみを主食にしている文化は，常識的にはないと考えられるので，A は lice ではなく，rice と誤って発音したとわかってくれることあろう。次に，今ひとつ例を考えよう。

(2)　a.　This ship is thinking.
　　　b.　I sink that it was not a good idea.

これも日本語母語話者が，th 音と [s] の区別が苦手であることの例である。しかしよく考えてみると「舟がものを考える」ことはなく，「私が沈む」ことは考えにくい。第一，sink は that 節をとらない。この例のように，th 音と [s] の誤用があっても，文脈から相手に理解してもらえる可能性が高い。
　このように，語の発音は必ず，何らかの文脈，場面，状況のもとでなされるので，分節音の誤りは，それらから修復すること，すなわち相手が正しい音を予測することができる場合が多い。

2.3　プロソディーと発話場面・状況
　それではプロソディーと発話場面に関して，修復可能性について考えてみよう。次に挙げる会話は，2002 年度の大学入試センター試験英語に出題された問題である[2]。

(3)　　次の会話の下線部について，①〜④の中で最も強調して発音されるものを一つずつ選べ。

　　　Jim: What job do you eventually want to have?
　　　Rie: I haven't thought about it. Have you?
　　　① haven't　② thought　③ about　④ it

2　問題の英文と質問文において，無関係な部分は省略している。

この正答は，② thought なのだが，これをめぐって英語教育雑誌上でちょっ
とした論争が起こった（大修館書店『英語教育』4 月号，7 月号，9 月号，11
月号）。論争の要点を説明すると，① haven't でもいいのではないか，英語
母語話者が①も可能であると言っている，という意見と，英語のプロソ
ディーの規則に従うと，② thought である，という意見の対立である。

　この問題を論じるためには，二つのことを説明しておかなければならな
い。まず，文中ではすべての語が強調されて発音されるわけではない。問題
となっている文で，強調されて発音される可能性のある語は，① haven't と
② thought しかない（どのような語が，文中で強調されうるかに関しては，
後に説明する）。つまり，普通に発音すると，I, about, it に比べて，haven't
と thought は強く発音される訳である[3]。次に述べなければならないことは，
haven't に含まれている否定辞 not についてである。一般的に否定辞は，文
のすべてを否定するわけではない。次の例を見てみよう[4]。

(4)　　He didn't kiss his wife last night.

一般的に否定辞（この文では didn't の not）は，文の全体ではなく一部の意味
を否定する。例えば，wife を否定する場合，「妻」のみが否定され，「私が
昨晩，彼の X にキスをした」というその他の部分は正しい（否定されない）
まま残る。意味としては，「私は昨晩，彼の**妻には**キスをしなかった」とい
う，いわゆる部分否定のような意味になる。否定の対象になる部分を，否定
の作用域と呼び，その部分には相対的に強い強調が置かれる。この場合は
wife である。また kiss に強調が置かれると否定の作用域は「キスする」と
いう部分のみに及ぶことになり，「彼は昨晩，彼の妻に**キス**はしなかった」
という意味になる。このように否定の作用域は，文で焦点になっている情報
と考えてよいが，これが一番の強調をうけるのである。これとは別に，否定
辞そのもの（この場合は didn't）が強調される場合がある。その場合は，文
命題と呼ばれる文の意味全体が否定される。つまり「彼は昨晩，彼の妻にキ

3　本来は，聴覚的卓立という表現を使用するべきであるが，ここではセンター試験の指示
　　文にしたがって，「強調」や「強い」という表現を使っておく。
4　Hofmann（1993）からの例である。

スした」こと自体が否定されるので，「彼が昨晩，彼の妻にキスしたという
のは誤りだ」とでもいうような意味になる。これを論理否定という。

　さて，先ほどの大学入試センター試験に戻ると，Jim の「どんな仕事につ
きたいの」という質問に対して，否定辞 haven't を強調すると，論理否定に
なり，Rie の発する文命題全体を否定することになる。すなわち「私がそれ
に関して考えたというのは誤りだ」ということになる。これは Jim の質問に
対する答えとしては，適当だとは言えない。もしこの二人の会話に次の様な
流れがあったとしよう。Rie が答えた後に，さらに Jim が執拗に答えを求め
てきたような場合である。太字の語が強調される語である。

(5)　Jim: What job do you eventually want to have?
　　　Rie: I haven't **thought** about it. Have you?
　　　Jim: Come on! Tell me. You should have something in mind!
　　　Rie: I **haven't** thought about it!

この場合には，「それについて考えたことは事実ではない」という意味で，
否定辞に強調を置くことができるのである。Jim の最初の質問に対して，論
理否定で答えると，「考えたことはないって！」という非常に強い表現にな
り，Jim は当惑するに違いないだろう。このケースは文中の強調箇所に関す
るプロソディーの問題であるが，この誤りは，会話の場面や状況をこわして
しまう結果になっている[5]。

　本節の要点は以下のようになる。一般的に，分節音の誤りは，発話の場面
や状況，文脈などによって，聞き手がリカバーして誤りを救ってくれること
があるが，プロソディーの誤りは，会話の場面や状況そのものを台無しにす
る可能性があるということである。実際，ネイティブスピーカーの専門家
も，英語母語話者は，非母語話者が分節音に苦労するのは知っており，誤り
にも寛容であるが，プロソディーについては，そうではない。そもそもプロ
ソディーを間違うことなどないと信じているからである，と述べ，異なる言

5　上記の論争で，英語母語話者が haven't も強調されうると判断したのは，ある意味で正
しい。論理否定ではそうなるからである。但しこの場合の発話状況を考えると，thought
の方がより適切である。

語の話者間では，分節音よりプロソディーの方が，コミュニケーションに齟齬をきたしやすいと注意を投げかけている[6]。

3.　プロソディーの構造
3.1　音節とアクセント

　われわれは，音声言語の産出を，糸に通されたビーズ玉のように分節音が時間軸に沿って口から次々と流れ出てくるように考えがちである。ところが，複数の分節音は，さらに大きな単位を作る[7]。例えば，われわれは，日本語の kaki（柿）は，ローマ字が表すように，4 つの分節音から構成されていると知っている。しかし，「柿」を 4 つに分けて発音しますかと尋ねられると，ka と ki の 2 つに分けてしか発音できないと答える。k-a-k-i と 4 つに分けて発音すると答えるものは誰もいない。このように発音等の最小単位は分節音単独ではなく，それらが複数組み合わさったものである。今，これを音節と呼んでおこう。音節は多面的であり，定義が難しいのであるが，国語学会（編）の『国語学大辞典』(1980) にならって，「前後には切れ目を感じるが内部には切れ目を感じない複数もしく単独の音」としておく。この場合，ka の内部（k と a の間）には切れ目が感じられず，ka の後に切れ目が感じられるのである。音節の実在性は，例えば，前から読んでも後ろから読んでも同じ，回文と呼ばれる例を見るとよくわかる。「たけやぶやけた」はよく知られた回文であるが，分節音が最小の発音単位であれば，takeyabuyaketa の反対は，atekayubayekat となってしまう。ta.ke.ya.bu.ya.ke.ta と音節を単位に発音してはじめて回文となるのである[8]。また日本語の仮名文字そのものが，音節を単位にしていることがわかるであろう。

　音節の構造は言語によって異なる。英語の音節は日本語と比べると複雑で多様であり，日本語が 111 通りの音節があるのに対して，英語は 3 万通り以上あると言われている[9]。これは英語の分節音の数が日本語に比べてはるかに多いことにも起因しているが，それ以外に，日本語が，ka.ki のように，主

6　Wells (2006).
7　例えば table の [l] や cotton の [n] のように分節音が単独で音節を形成する場合もある。
8　以下ではピリオドで音節の境界を示す。
9　中條 (1989) による。

として，1 つの子音＋ 1 つの母音の組み合わせが多いのに対して，英語は音節頭部の子音は 3 個まで許され，日本語では「ん」や「っ」などの特殊な場合しか許されない音節尾部の子音も，3 つまで可能であることにもよる [10]。日英語の音節構造の違いは，日本語訛りの英語の 1 つの原因としてよく挙げられる。よく挙げられる例が，strike という 1 音節語である。これを日本語母語話者が発音すると，日本語の子音＋母音という音節構造を満足させるべく，母音を挿入し，su.to.ra.i.ku の様に 5 音節で発音になってしまう [11]。この様に，学習対象の外国語に母語の構造や規則をあてはめてしまうことを言語習得研究分野では，母語からの転移とよんでいる。特にこの場合は音節が 1 つから 5 つに増えてしまい，誤った形が作り出されている。これを負の転位と呼ぶ。

　さて，われわれは中学校（あるいはそれ以前）から英語を学んでいるが，教室で音読する際などに，アクセントの読み間違いを注意されたことがあるだろう。複数の音節からなる語は，アクセントのある音節を強く発音するように指導されたはずである。ここで英語のリズムに話を進める前に，「アクセント」について少し解説しておこう。アクセントとは，他にくらべて目立っているところというのが元々の意味である。例えばインテリアコーディネータが，「この部屋は単調なので，このあたりに水彩画を掛けて，アクセントをつけましょう」という時の意味である。言語では，他から目立たせるために音節の発音に強弱の差をつけたり，高低の差をつけたりする。英語は強弱をアクセントに用いるので，ここまで使用してきた「強調」という表現を，強勢（ストレス）と呼び代えることにする [12]。

　ここで，上で述べた強弱アクセントの例を見てみよう。以下，太字が強勢のある音節である [13]。

10　もちろんすべての子音がこれらの位置で許される訳ではない。また母音で終わる音節を開音節，子音で終わる音節を閉音節と呼ぶが，日本語には圧倒的に開音節が多いわけである。
11　英語音声学研究会 (2003)
12　もっとも，英語のアクセントは強さだけではなく，同時に高さも高くなり，長さも長くなる複合的な性質をもつ。
13　以下の例は主として，竹林・清水・斎藤 (2013) から取った。またここでは，主たる強勢を受けない音節の母音の質は，考えないことにする。

(6) 　**some**.thing, ma.**chine**, **po**.li.cy, im.**por**.tant, af.ter.**noon**

このように，英語では，複数の音節から成る語の音節は強さによってめりはりをつけて発音される[14]。この強弱のめりはりは，語が連続して句になっても維持される。次の形容詞プラス名詞の句では，名詞がより大きい強勢をもつ[15]。より正確には名詞を構成する強勢をもつ音節である。

(7) 　good **stu**.dent, thick **fo**.rest, hot **cof**.fee, beau.ti.ful **flow**.er

このうち，beau.ti.ful **flow**.er の beau.ti.ful は，それ自身 **beau**.ti.ful で表されるように，第一音節に強勢をもつ。しかし強勢はあくまでも相対的なものであり，**beau**.(ti.ful) に比べて，**flow**.(er) の方が，強く聞こえるということである。また，英語には複合語とよばれる複数の語によって作られる語があるが，この場合は前部要素に相対的に強い強勢が置かれるものが多い。

(8) 　**green** house（温室），**wom**.an doctor（婦人科医），**White** House（アメリ
　　　カ合衆国大統領官邸），**smok**ing room（喫煙室）

このように，英語では単一の語や，複数の語から成る句や複合語になっても，強弱の違いをはっきりとつける。そしてこれはさらに単位が大きくなって，文になっても，同じ事が言える。

3.2　文の強勢と英語のリズム

　本項では文に見られる強弱を見ていく。句や複合語の強弱配置に規則性が存在したように，文の強勢にも規則がある。まず最初は，文中で基本的に強勢を受ける語は，品詞によって決まっているという点である。以下にこれを具体的に示す。

14　多音節から成る語には，第二強勢が存在する場合があるが，ここでは触れない。
15　ここでは，後述する核配置には，まだ言及しない。

(9)　a.　文中で強勢を受ける語：名詞，動詞，形容詞，副詞，指示代名詞（指
　　　　示副詞），疑問代名詞（疑問副詞），数詞，感嘆詞，否定辞（not 等）
　　　b.　文中で強勢を受けない語：接続詞，前置詞，冠詞，人称代名詞，関
　　　　係代名詞（関係副詞），助動詞，be 動詞，不定形容詞

a の文中で強勢を受ける語は，いわゆる辞書的な意味をもつ内容語と言われ
る語であるのに対して，b の文中で強勢を受けない語は，実質的な意味とい
うよりも文法的な機能を果たす，機能語と言われる語である。この強勢の有
無は，あくまでも原則であって，本来は強勢を受けない語が，文中で焦点と
なる場合は強勢を受けることがある。それでは次に，文中の強勢の配置につ
いて，実際の例を見てみよう[16]。

(10)　**Re**.cords **show prog**.ress.

ではすべてが内容語であるので，各語の強勢をもつ音節が文中でも強勢を
もって発音される。次に（10）にいくつかの語を加えていってみよう。

(11) a.　His **re**.cords **show** his **prog**.ress.
　　 b.　His **re**.cords can **show** his **prog**.ress.
　　 c.　His **re**.cords can **show** him his **prog**.ress.
　　 d.　His **re**.cords have been **show**.ing him his **prog**.ress.

これらの例では，さまざまな機能語が内容語の前後に入っている。これらの
機能語は強勢を受けず，弱く，短く，あいまいに発音され，結果的に強勢を
もつ音節だけが文中で目立って聴こえる。さらに特徴的であることには，こ
れらの強勢を受ける音節は，時間的に等間隔で発音される傾向がある。わか
りやすく強勢を受ける音節の上に星印（*）を入れて書くと，次の様になる。

_____

16　以下の例文は，VOA（1968）より。

(12)

	*		*		*	
	Re.cords		**show**		**prog**.ress.	
His	**re**.cords		**show**	his	**prog**.ress.	
His	**re**.cords	can	**show**	his	**prog**.ress.	
His	**re**.cords	can	**show**	him his	**prog**.ress.	
His	**re**.cords have been		**show**.ing	him his	**prog**.ress.	

これを見ると，最初の文では **re** と **show**，**show** と **prog** の間が等間隔で発音
されているが，2番目以降の文でこれらの強勢を受ける音節の間に機能語が
入っても，最初の文とほぼ同じ間隔で発音されることがわかる。当然のこと
ながら，機能語が多く入れば入るほど，それらは時間的に短く発音されねば
ならない。これらをすばやく発音する結果として，これら機能語の音節は，
弱く，短く，曖昧に発音されることになる。その結果，強勢を受けない音節
の母音は曖昧母音になったり，さらに脱落したり，子音も脱落したり，さら
に母音の脱落をうけて，強勢のある音節に接続してその一部として発音され
たりする現象が起こる[17]。英語の文は，強勢を受けて，強く，長く，はっき
りと発音される音節が等間隔で現れ，その間に強勢を受けず，弱く，短く，
曖昧に発音される音節が，いわば挿入されて英語らしいリズムを作る。これ
を等時性と呼ぶが，日本語と比較すると，日本語では，どの音節も同じ長
さ，同じ時間で発音され，英語とは異なるリズムをもっていることがわか
る[18]。このように，どの言語もプロソディーがその言語に固有のリズムを作
り出しており，これがその言語の聴覚的印象の大きな要素と成っていると言
える。以上をまとめると，日本語はひとつひとつの音節が丁寧に発音されて
リズムを作り（♩ ♩ ♩ ♩ ♩...），英語は強勢をもった音節が等間隔で発音
されてリズムを作る（♩♪ ♪♩♩♪♪♩ ♪ ♩♪ ♪♩...）。このリズムの違
いが英語学習で負の転位をおこすことは，容易に予測できる[19]。

17　これが縮約といわれる現象である。

18　実際は，どの音節も同じ長さではなく，同じ1音節でも「ほん」は「ほ」より長い。
標準日本語の長さの単位は音節ではなく，モーラ（拍）という。ここでは方言差や音節量
への言及の必要性等の煩雑さを避けるために触れていない。

19　英語のリズムの等時性は，あくまでも傾向である。また (12) の5つの文では，下にな

3.3　イントネーションと核の配置

　さて，次にイントネーションに進みたい。イントネーションとは，原則的には文を範囲とした高低の変化のことであるが，この用語自体は，すでにこれまでの英語学習の初期の段階から，聞き覚えがあるはずである。中学校では，陳述文（平叙文），who や what などの WH 疑問文，命令文，感嘆文などは，下降調のイントネーションで発音され，yes/no 疑問文は，上昇調のイントネーション，付加疑問文が確認に使われると上昇調，念押しに使われると下降調になることなどを学習したはずである。このイントネーションが，文レベルの強勢に大きく関係する。次に例を見てみよう。

(13)　Tom has been playing football in the pouring rain.

先に説明したように，文中で強勢を受ける語は内容語（の強勢をもつ音節）なので，ここでは，Tom, play, foot, pour, rain ということになる。さて，これは陳述文であるので，イントネーションは下降調になる。そして下降する場所は，rain の母音で下降する。一般的に音の高さが急に下降したり上昇したりすると，その部分は聞き手にとって，非常に目立って聞こえる。その結果，rain は強勢をもつ他の語よりも，聴覚的に卓立し，もっとも大きな強勢があるように聞こえる。このように文中で，ピッチが変化し，ある語がもっとも目立って聞こえることを，その語に音調核が置かれると言う。これをわかりやすく書くと次の様になる。

(14)　**Tom** has been **play**ing **foot**ball in the **pour**ing ↘ **rain**.

ここで太字は強勢を受ける語を，右下向きの矢印は音調の下降箇所を，そして，rain が他より大きく書かれているのは，ここに音調核が配置されて，もっとも目立った強勢となっていることを表している。英語のアクセントが，強さ，高さ，長さという音響特徴の複合的なものであることは前述したが，何が目立って聞こえるかは，聞き手の聴覚的印象であり，必ずしも音響

るほど，強勢の間の時間的間隔は長くなる。

的な強さと一致するわけではなく，複雑である。ここで聞き手の立場に立つ
ならば，英語には3段階の強さがあり，それは弱，強，音調核付きの強であ
り，後の2つが英語のリズムを作り出していることになる。

　さて，英語ではどの語に音調核が置かれるか（すなわち高さの変化がある
か）には，規則性があり，他の条件がなければ，最後の内容語に音調核が配
置される。その理由は，コミュニケーションの目的は，何らかの情報を相手
に伝えることであるが，英語は文の終わりの方に重要な情報を置く傾向が強
い言語であるからである [20]。しかしながら，コミュニケーションは特定の状
況や文脈でなされることがむしろ普通である。例えば (15) の発話者が，「ト
ムはひどい雨の中で，（他の競技ではなく）サッカーをしていたんだ。」と，
サッカーを強調したい場合，文中では football が一番重要な情報となり，核
は foot に置かれ，次の様になる。

(15)　**Tom** has been **playing** ↘ **foot**ball in the **pour**ing **rain**.

音調核の位置で高から低へと降下した音調は，低いままで最後まで続く。ま
た，「トムはひどい雨の中で，サッカーを（観戦したりするのではなく）実際
にプレーしていたんだ。」と言う場合は，音調核は play に配置され，次の様
になる。

(16)　**Tom** has been ↘ **play**ing **foot**ball in the **pour**ing **rain**.

この音調核の配置は会話に重要な役割を果たす。次の例を考えてみたい。

(17)　A: What has Tom been playing in the pouring rain?
　　　B: **Tom** has been ↘ **play**ing **foot**ball in the **pour**ing **rain**.

ここで A はトムが何をしていたのかを尋ねている。それに対し，B はサッ
カーを**プレーしていた**，と答えている。A が聞きたかったのは，競技名であ

20　(5) において，最後の内容語は thought であることに注意。

り，それを見ていたかやっていたかは尋ねていない。このような状況では，A は (15) のように football の foot に音調核を置くべきである。このように核の配置は，情報の重要度について密接に関係している。さらに，次の 2 つの例の B の返答に見られる音調核配置の違いを見てみよう。

(18)　A: I happened to meet Mary yesterday.
　　　B: Oh, Mary is a ↘ **teach**er.
(19)　A: Teachers have so many things to do nowadays.
　　　B: Oh, ↘ **Mar**y is a teacher.

では，A が Mary について話している。すなわちこの時点で Mary は A と B にとって，既知の旧情報になっている。それで，B の応答では，より新しく重要な情報である teacher に音調核が配置されている。それに対し，(19) では，A は教師について話題を出しており，教師はすでに旧情報となっているので，B の返答では，新情報である Mary に音調核が置かれているのである。このように音調核の配置は情報の新旧，重要度を示す音声的指標になっており，その他にも，語用論的な条件に大きく影響されることがわかる。

　本節では，音調核の配置が，コミュニケーションに対して，いかに重要な役割を果たしているかを見たが，次にこの核配置の習得が日本人英語学習者にとって，最も難関であることを見ていきたい。

4.　日本人学習者による音調核の誤配置
4.1　最後まで残る日本語訛り

　筆者はこれまでに，斎藤・上田 (2011) や Ueda & Saito (2012) で，この問題を論じてきた。この発端は，両名がこれまで日本でもっとも英語運用能力に秀でた学生達を教えてきて，音声面で最後まで克服できないものが，音調核を適切な位置に配置することであったことである [21]。そこでこの問題につ

---

[21]　斎藤，上田の両名は，東京外国語大学と大阪外国語大学 (現在の大阪大学外国語学部) で英語専攻学生を教えてきた。学生は CEFR (ヨーロッパ共通参照枠) では C1-2，英検では 1 級，TOEIC のスコアは，どんなに悪くても 900 点は下らず，満点に近いスコアを取って卒業してゆく者がほとんどである。

いて研究することになったのであるが，多くの事例を観察してみると，音調
核の誤配置には共通点が見られることがわかった。それは誤って音調核が置
かれる統語カテゴリーに規則性があるということである。それは，a. 人称代
名詞，b. 否定辞，c. 疑問詞，d. 限定形容詞が圧倒的に多い。次にそれぞれの
誤配置の例を挙げる。

(20) a. **I** can play the piano. （人称代名詞）

    b. I **haven't** finished my homework. （否定辞）

    c. **What** would you like to do? （疑問詞）

    d. It was in the **red** book. （限定形容詞）

もちろんこれらの語が会話の文脈の中で重要な情報である場合は音調核が置
かれるが，そうでない場合も音調核が置かれるのである。その結果を，
(20a) が次の様な会話で使われた場合を考える。

(21)　A: Do you play any instruments?

    B: **I** can play the piano.

ここで A は，何か楽器を弾けるかと B に尋ねている訳なので，B の返答は，
piano に核が置かれるべきである。このように I に核が置かれると，「他の人
ではなく私は」という対比の意味となってしまうので，厳密に考えると正し
い返答とは言えなくなる。この音調核の配置は，Who can play the piano? と
聞かれた場合には適切となる。このように，たとえ上級の英語学習者にも，
音調核の誤配置は残り，コミュニケーションの文脈からはずれ，語用論的に
問題のある発話をしてしまっていることがわかった。それではこの音調核の
正しい配置はどのように習得されていくのだろうか？次にその過程を調べた
研究結果を紹介する。

4.2　正しい音調核配置の習得過程

　筆者は大阪外国語大学（当時）の英語専攻の学生に対して，音調核配置の
状態を調査するテストをおこなった。参加者は 15 名でテスト文は，上で述

べた核の誤配置が頻繁に見られる統語カテゴリーの中で，次のように，主として c と d に属する語を含んだ 15 個の文からなる。以下の（22）ではそのうち 4 つを挙げている。

(22) a. Where do you live?
　　 b. Which class do you attend today?
　　 c. A nice person is more easily fooled.
　　 d. There was a large box in the middle of the room.

このテストでは，実際の発音の音調核の位置のみならず，どこに音調核を配置すべきであるのかについての知識も試すことにした。実験はまず，15 のテスト文を配布して，それぞれの文のどの語を最も強く，はっきりと発音すべきかを調査用紙に記入して提出してもらった。次に全員が各文を実際に発音したものを録音し，それを音声学的にトレーニングを受けた教員 2 名と，英語母語話者の教員とで，音調核の位置を判定した [22]。その結果，音調核配置に関する知識と実際の発音は，4 種類に類型化できることがわかった。最初は，音調核配置に関する知識も間違っており，実際の発音も誤っているケースである。以下の例において，下線を施した語は，テスト用紙に強調すべき語と回答した語で，これは参加者の音調核配置の知識を反映している。また太字の語は実際の発音において，音調核を置いた語であり，これは発音における音調核配置の正誤の指標となる。

(23) a. <u>How</u> long have you been studying English?（知識）
　　 b. **How** long have you been studying English?（発音）

このテスト文では，核は English に配置されねばならないので，（24）は知識も発音も間違っていることになる。次は，知識は正しいが，実際の発音は間違っている例である。

22　15 個のテスト文には，核の位置を判定するターゲットとなる語が 17 語あった。15 名の合計のターゲット数は 255 となる。しかしながら，まったく平板で核が無い例や，本研究の目的と無関係な例を省いた調査対象語は，合計 122 となった。

(24) a.　How long have you been studying <u>English</u>? （知識）

　　 b.　**How** long have you been studying English? （発音）

これは学習した知識を実践に移すことができていない例であり，外国語学習ではよく見られる例である。これと反対に (25) のように知識は誤っているが，発音は正しい事例もあった。

(25) a.　<u>How</u> long have you been studying English? （知識）

　　 b.　How long have you been studying **English**? （発音）

このケースは非常に興味深い。知識としては学習していない（それ故誤っている）にもかかわらず，英語学習の過程で，無意識のうちに正しい音調核配置を習得したと考えられる例である。最後に (26) のように，知識も発音も正しい事例も相当数見られた。

(26) a.　How long have you been studying <u>English</u>? （知識）

　　 b.　How long have you been studying **English**? （発音）

以上の 4 種類のタイプを類型化すると次の様になる [23]。

(27)　音調核配置の知識と発音の組み合わせ

タイプ	A	B	C	D
知識	誤	正	誤	正
発音	誤	誤	正	正

さて筆者は，本調査の約 1 年後に，同じ学生を対象に，まったく同じ調査をおこなった。ふたつの調査の間に，音調核の配置の規則に関しては，何も教えていない。2 回目の調査でも，音調核配置の正誤に関して，結果は (27)

23　もちろん各参加者が，すべてのターゲットにおいて画一的にどれかひとつのタイプに
　　属したわけではない。

と同じ，4 つのタイプに分類できることがわかった。但し，正誤の数は次の
様に変化していた。

(28) 1 年後の変化

	1 回目	2 回目
A	41	15
B	22	25
C	31	28
D	28	54

この表から何が読み取れるであろうか。まず 1 回目には，知識も発音も誤っ
ている A タイプの数が最も多く，知識と発音共に正しい D タイプは，わず
か 28 にとどまっている。ところが 2 回目の結果を見てみると，まず A タイ
プの数は，41 から 15 へと大きく減少している。次に，知識は正しいが発音
は間違っている B タイプは 22 から 25 へ，逆に知識は誤っているが発音は
正しい C タイプは 31 から 28 へと若干の変化を見せている。最後に知識も
発音も正しい D タイプは，28 から 54 へと大幅な増加を示している。これは
1 年間の英語学習を経て，音調核の配置が全般的にはよい方向に向かってい
ることを示唆している [24]。しかしながら注意せねばならないのは，誤りが改
善されず残っている例も相当数あるということである。
　さて，音調核配置における 4 つのタイプとその変化を見た調査結果から，
議論できることがいくつかある。1 回目に A タイプの数が最も多いことは，
たとえ上級学習者であっても，核の誤配置の誤りは存在することを示してい
る。正しい知識はもっているものの，発音は誤っている B タイプに関して
は，知識を実践できない学習者であるので，実際の発音練習を繰り返せば，
徐々に正しい発音を習得していくことが期待される。C タイプは，逆に知識
は正しくないが，偶然正しい発音を習得しているタイプである。このタイプ
の学習者は，正しく核を配置する規則を学習すると，大幅に発音が改善され

---

[24]　変化の内訳をタイプごとに見てみると，A から B, C へと変化したものは 5 例ずつ，D
　　に変化した例も 5 例あった。B, C から D への変化は，それぞれ 8 例と 6 例あった。詳し
　　くは Ueda & Saito (2012) を参照されたい。

る可能性がある。B, C のように性格の異なったタイプの存在を考えると，音調核配置の習得には，正しい知識を教えることと，その練習の両方が必要である事がわかる。この蓋然性は 1 年後も相当数残っている A タイプの存在を考えるとき，さらに高くなろう。

4.3　音調核誤配置の原因

　それでは日本人学習者がこのような核の誤配置を犯す原因は何であろうか。これまで，Saito & Ueda (2007) などでは，母語である日本語からの転移の可能性が指摘された。最近，郡 (2020) は，この転移の可能性をさらに推し進め，4 種類の典型的な核誤配置はすべて日本語からの転移で説明できると主張している。まず，人称代名詞について，英語では機能語でアクセントを受けないが，日本語では文の最初の文節のアクセントは弱めず高く発音するので I like English では I を高く発音する [25]。次に，否定辞と疑問詞に関して，日本語では文の焦点の後は規則的にアクセントを弱める。疑問詞や否定辞は焦点となる場合が多いので，Where do you live? や I haven't thought about it の下線部のアクセントをすべて弱く言ってしまう。また限定形容詞については，日本語では「青い本」という言うとき，「青い」によって意味が限定されているので，「本」のアクセントは弱める。この規則ゆえに blue book （「政府報告書」という意味の複合語ではなく「青い本」の意味）では，book を弱めて言ってしまう。以上が郡の主張である [26]。このような音韻的な転移以外にも，Ueda & Saito (2010) では，統語構造との関係が示唆されている。従来，強勢の付与は，統語構造の枝分かれの方向に依存していたが，Cinque (1993) はこれを廃し，音調核は統語領域の中で，最も深く埋め込まれた要素に付与されると主張している。次の文では最も深く埋め込まれている要素は of Judea であり，それ故 Judea に核が配置されると主張するものである。

(29)　　[[Jesus][preached[to the people[of **Judea**]]]].

25　高さだけでも，他と違って目立つので，アクセントになることに注意。
26　郡 (2020)

これを念頭において，Ueda & Saito（2010）で見たように，日本語の例をいくつか考えてみる。

(30) a.　[[**doko**-ni] sunde iruno]？　　（どこに住んでいるの？）
　　 b.　[[[**ii**] wain-wa] mistsuke nikui].　（いいワインは見つけにくい。）
　　 c.　[[[**ookina**] hako-ga] heya-ni aru].（大きな箱が部屋にある。）

これらの例では，太字の語が最も深く埋め込まれており，核が配置されている。これに対応する英語は，次の様に，音調核が誤配置になる。

(31) a.　[[**Where**] do you live]?
　　 b.　[[[**Good**] wine] is hard to find].
　　 c.　(There was a) [[[**big**] box] in the room].

すなわち，これらは，日本語の埋め込み構造を反映した誤配置となっているわけである。

　音調核の誤配置については，まだ十分に体系的な研究がおこなわれているわけではない。原因も転移だけで片付けられない問題もあり [27]，今後，語用論と統語論とのインターフェイスを考えながら，研究が進められることが期待される。

5.　おわりに

　本章では，次のことを論じた。まず日本語を母語とする英語学習者にとって，分節音よりもプロソディーの方がより重要である。理由としては，分節音はたとえ誤っても，会話の場面や状況から「修復」する（聞き手が正しい音を予測）ことが可能であるが，プロソディーの誤りはその場面や状況そのものをこわしてしまって，コミュニケーションに齟齬をきたすからである。そのプロソディーに関しては，最後まで日本語訛りとして残るものが，音調核の誤配置であり，上級学習者であっても習得が難しい。一般の入門書には

27　斎藤・上田（2011）を参照。

よく「英語はリズムが大切」と漠然と書かれているが，リズムの要は，音調核の適切な配置である。音調核配置の習得過程は，正しい核配置の知識と実際の発音の両面から考察すべきで，「習うより慣れろ」だけではなく，音調核配置についての理論も教えるべきである。

【外国語教育に関わる人が知っておくべきポイント】

- 我が国の公教育の英語では音声教育が軽んじられているが，発音の実践ということではなく，むしろ発音に関わる理論が教えられていないことが問題なのである。
- 発音の理論とは，[l] と [r] の違いに代表される分節音だけではなく，強勢やイントネーション等のプロソディーを重要視すべきである。
- プロソディーの中でも，最も習得が困難であるのは音調核の配置である。それは会話における情報の流れや発話に求められる情報等の語用論的な問題を考えなければならないからである。
- 分節音の誤りは会話の状況によって救われ，プロソディーの誤りは，逆に会話の状況を壊してしまうことが多い。
- 英語のイントネーションの体系は非常に複雑であるため，残念ながらほとんどの英語教師は，基礎的な知識すら持っていないと思われる。
- 確かに，教室では教授すべき項目が多いので音声面を体系的に教える余裕はないかもしれないが，時間が許せば，例えば文法などと関係付けて触れてみると良い。
- そのためには，教師は英語のプロソディーに関して最低限の知識をもっておくべきである。実際のプロソディー教育のソースブックとして，伊達（2019）を挙げておく[28]。

【執筆者から読者へのメッセージ】

　どの言語にも固有のリズムがある。ドイツ語，フランス語，イタリア語等を比べてみると，それがよくわかる。外国語の音声の習得は，個々の分節音

28　本書の内容の中心は，研究会誌の連載をまとめたものであり，その点で体系的な参考書ではない。その反面，個別の表現のイントネーションが取り上げられているため，教授者自身にとって読みやすく，教室での応用に役立つものとなっている。

に注目しがちであるが，大切なのは強弱や高低，長短など，リズムを形づくっているプロソディーである。これまで英語を勉強してきて，英語の発音にいまひとつ自信の持てない読者には，個々の音からではなく，英語のリズムを学んでから個々の音に至るという，いわばトップダウンの勉強を勧める。英語の等時性は規則的なリズムを手拍子等で取りながらだんだんとスピードを速めていくとよい。日本語母語話者にとっては，強く，長く，はっきりと発音するよりも，弱く，短く，曖昧に発音する方が難しいことを念頭に練習していただきたい [29]。最後に，すぐれた入門書として，服部（2012）を推薦しておく。

付　記

本研究は斎藤弘子氏（東京外国語大学）との共同研究の成果を反映したものである。本章は，斎藤・上田（2011）と Ueda & Saito（2012）で論じた内容に，それ以降の研究の進展を加えて，初学者にもわかるようにという本書の編集方針に従って，執筆したものである。

参照文献

Cinque, G.（1993）. A null theory of phrase and compound stress. *Linguistic Inquiry, 24*（2），239–297. http://www.jstor.org/stable/4178812

伊達民和（2019）.『教室の英語音声学読本』大阪教育図書.

英語音声学研究会（2003）.『大人の英語発音講座』日本放送出版協会.

服部範子（2012）.『入門英語音声学』研究社.

Hofmann, T. R.（1993）. *Realms of meaning: An introduction to semantics*. Longman.

池浦貞彦・泉マス子・板倉武子（1990）.『最新英語音声学』成美堂.

国語学会（編）（1980）.『国語学大事典』東京堂.

郡史郎（2020）.『日本語のイントネーション―しくみと音読・朗読への応用―』大修館書店.

中條修（1989）.『日本語の音韻とアクセント』勁草書房.

Saito, H., & Ueda, I.（2007）. Does accentuation of L1 transfer to L2 prosody?: A preliminary study on Osaka and Tokyo dialect speakers' pronunciation of English. *Proceedings of Phonetic Teaching and Learning*. File_04e. University College London.

斎藤弘子・上田功（2011）.「英語学習者によるイントネーション核の誤配置」『音声研

29　等時性があくまでも傾向であることや，実際の発話でリズムが必ずしも守られないことを根拠に，このような機械的な練習を批判する向きもあるが，この主たる目的は，日本語のリズムから負の転移を防ぐことにあると考えるとよい。

究』15(1), 87–95.

竹林滋・清水あつ子・斎藤弘子 (2013).『初級英語音声学』大修館書店.

Ueda, I., & Saito H. (2010). Interface between phonology, pragmatics and syntax in nuclear stress misplacement. In M. Iversen, I. Ivanov, T. Judy, & J. Rothman (Eds.), *Proceedings of the 2009 Mind/Context Divide Workshop* (pp. 116–122). Cascadella Press.

Ueda, I., & Saito, H. (2012). Tonic misplacement by Japanese learners of English. In T. Paunović, & B. Cubrović (Eds.), *Exploring English phonetics* (pp. 73–83). Cambridge Scholars Publishing.

VOA (1968). *Time and tune: Refine your spoken English.* キングレコード.

Wells, J. (2006). *English intonation: An introduction.* Cambridge University Press.

2

幼児の言い間違いと言語産出モデル

―音韻部門の発達と連続性―

寺尾　康

1.　はじめに

　間違いという窓から言語の諸側面を観察することは興味深い。ただ本章でいう「間違い」は，Corder（1973）の用語によると，学習者に体系的に現れる error ではなく，日常の言語活動に現れる突発的で非体系的な間違い，lapse である。ただし，この分類には明確な線引きが難しい領域も存在する。例えば，第一言語習得中の幼児に観察される error と lapse の境界がそれにあたる。

　本章では，あえて，この領域に生じた lapse と思しき誤り，幼児の音韻的／音声的言い間違いに注目する。それらを，これまで分析の蓄積がある（寺尾（2002）等）成人の言い間違いと比較して，そこから，私たちの意図が調音に換えられる過程を解明しようとする言語産出モデルの構築に向けて何が言えるのかについて考察していく。まず，誤りのレベル，タイプから見た全体的な傾向を調べ，言語産出過程の連続性（幼児には幼児のモデルが，成人には成人のモデルが必要なのか，あるいは一つの基本モデルですむのか）について確認を行う。続いて音韻代用型，音韻交換型というタイプの間違いに焦点を合わせ，より詳細な分析を試みる[1]。

1　成人の言い間違いと幼児の言い間違いを比較した研究はこれまで寺尾（1993），Terao（2008）があるが，今回の分析は対象となる実例数，観点の数とも大幅に改善されている。

[*23*]

2. 成人の言い間違いデータ
2.1 言い間違いの定義

　私たちは日常の場面において，ついうっかり自らの意図とは異なる発話を行ってしまうことがある。こうした言い間違い（speech error）は，突発的で稀な現象であり，言語研究の中では周辺的な証拠とみなされてきた。

　ただ，言おうとした形とそこに何らかのいわば「人間的な」理由が関わって間違ってしまった形とを直接比較することができる現実的な資料であることは疑いなく，もしそうした間違いに規則性が発見されれば，それは言語的直観から窺い知ることができない，私たちの発話のメカニズムに備わっている規則性を反映したものと考えることができる。加えて，発話の研究は参加者の自由意志を統制することの難しさから実験的アプローチがとりにくいこともあり，言い間違いは言語産出研究の領域においては稀少ではあるが貴重な資料として注目を集めてきた[2]。

　本論では自然発話において生じた成人の言い間違いを以下のように定義する。「成人の，健常な言語能力を持つ話者が，母語を話す際に故意にではなく行った発話の意図からの逸脱を指す。これに意図の変更，読み間違い，ごく打ち解けた場面での不正確な発音（カジュアルスピーチ），吃音等は含まない」（寺尾（2002）より。一部修正）。この定義にしたがって，筆者が pen and paper[3] と呼ばれる方法で収集してきた言い間違いの実例はおよそ 3200 例を数え，そのほとんどがデータベース化されている[4]。本論ではその中の音韻的言い間違いを中心に幼児の言い間違いと比較していく。

2.2 言い間違い分析の基本的観点
2.2.1 レベルとタイプ

　これまでの研究で，言い間違いはあらゆる言語学的レベルに，様々なタイ

2　Fromkin（1973），Garrett（1975）他。

3　筆者がテレビやラジオの視聴を含む日常会話で遭遇した言い間違いをできる限り速やかにその前後の文脈とともに書き取るという方法で全体の 85% の実例が収集された。聞き間違い等を避けるために録音やポッドキャスト経由など記録に残る方法が望ましいが，その採用は 15% にとどまる。

4　このデータベースは uSed（University of Shizuoka Speech Error Database:「ユーセッド」）の

プの要素の動きを伴って生じることが認められている。次の例をみてみよう。本論では実例の紹介にあたって，誤りの起こった箇所を下線で示し，話者の意図は，言い直しが記録されている場合をのぞいて，括弧内に記す。

(1) a. 　にっ<u>ぺ</u>んでもスペースシャトルを打ち上げる　（にっぽん）
　　 b. 　脳しんとうをお<u>と</u>して…　（起こして）
　　 c. 　<u>ち</u>ばなを<u>ひ</u>らす　（火花を散らす）
　　 d. 　以上で発表を終わります。<u>発表</u>，質問のある方は…
　　 e. 　<u>べんきゅう</u>に励んでいる　（勉強＋研究）

(1a) は「にっぽん」の中の音韻要素，/po/ あるいは /o/ が他の要素 /pe/ あるいは /e/ にとって代わられている音韻的代用の誤り，(1b) は同じく音韻要素 /to/，あるいは /t/ が /ko/ あるいは /k/ に代用された誤り，(1c) は同じ音韻レベルの間違いであってもタイプが異なり，当該要素の位置が入れ換わっている交換の誤りと分類される。一方，(1d) は「質問」という語彙レベルで，他の語彙に代用されている語彙代用の誤り，(1e) は同じ語彙レベルでも二つの語が混成されて一つの語のようになった混成タイプの誤りということになる。この他に誤りのレベルでは形態，語幹，機能語，句等が，またタイプでも，付加，欠落，移動，攪拌といったものが観察され，後述表 1 に示す通り，それらを組み合わせた誤りが報告されている[5]。

2.2.2　文脈性，方向と距離

　続く重要な観点は文脈性である。(1) にあげた実例には近くにその誤りの原因と思しき要素（ソース：以下本論では意図をターゲット，誤りをエラー，その源をソースと呼ぶ場合がある）があることに注目されたい。(1a) では 5 モーラ先に /pe/ が存在し，(1b) では直前に /to/ があり，(1d) では前の節に「発表」が現れている。また (1c)，(1e) ではタイプの性格上ソースが明らかである。このようにソースが推定できる誤りは「文脈的誤り」と呼ばれ，言

　名で無償公開されている。将来的には Web リポジトリによる方法を視野に入れているが現在は筆者のメールアドレスを連絡先として公開している。
[5]　紙幅の都合でここでは全ての実例を紹介できないので詳しくは寺尾（2002）を参照されたい。

い間違いでは多数派を占めると言われている⁶。ここでエラーとソースの位置関係，方向性をみると，(1a) は誤りより後にソースがあって，先取りしているかのようにみえるので「予測型」の誤り，一方，(1b)，(1c) は既に現れた要素に引きずられたかのようにみえるので「保続型」の誤りと呼ばれる。さらに，エラーとソースとの間の距離と統語環境も言い間違い観察の基本的観点であり，(1a) は「介在モーラ数 4，同一節内の語の間」，(1d) は「介在モーラ数 6，節境界またぎ」となる。これらは言語産出の処理が一度に及ぶ範囲（スパン）と関連していると言われる⁷。

3.　幼児の言い間違いデータ
3.1　定義の難しさ

　幼児も成人と同じように言い間違いをする。初出として 1 歳半から 2 歳くらいまでの間の実例をあげている研究が多い⁸。この時期はいわゆる語彙スパート期から 1 語文期にあたり，言語的な構造を獲得し始めてから規則的な言い間違いをするようになるという一致が興味深い。ただ，幼児の言い間違いは成人のものと同じに扱うことはできない部分もある。以下の実例をみてほしい。

(2) a.　ヨーグュト　（ヨーグルト　2;6⁹)
    b.　エベレーター　（エレベーター　3;5)
    c.　あらいかあらいか（電子レンジのこと　2;8)

　幼児の言い間違いも成人の場合と同じ表記法をとるが，問題は，幼児の場合は明確な発話の意図からの逸脱と一概に決められないことである。(2a) は調音器官／調音方法が未発達なことからくる，いわゆる error としての幼児音¹⁰である可能性があり，(2b) は発話者が「エベレーター」が正しい形と

6　Fromkin (1973)，寺尾 (2002) 他

7　Fromkin (1973)

8　Stemberger (1982)，Jaeger (2005)，乾・天野・寺尾・梶川 (2003) 他

9　誤りが生じた年齢を明らかになっている限り月齢まで含めて記載する。2;6 は 2 歳 6 ヵ月を示す。

10　幼児音については興味深い議論が行われている。風間・阿部 (1997) は単なる調音の困難さの回避に起因する代替的言語音産出エラーの存在を疑っている。一方，井尻・乾・天

して自らの意図通りに発話しているとも考えられる[11]。さらに (2c) は幼児が
自分用の呼び方を造りあげた幼児ジャーゴンとでも呼ぶべき発話で，やはり
成人と同じ定義を採ることは難しい。ただ，これらの誤りは周囲の発話から
の入力をそのまま反映したものでないこともまた確かであり，幼児の発達途
上の発話メカニズムを伝えてくれるデータであると考えられる。そこで，本
論では幼児の言い間違いを「意図的ではない，当該言語の規範的な形式から
の逸脱指し，これに読み間違い，吃音等は含めない。」と定義したうえで収
集されたデータを基に分析を行うこととする。

3.2　データの収集

　幼児の言い間違いを正確に，かつ分析に十分な数を集めようとすると，そ
の方法においても「偏り」から逃れられないという難しさを抱える。縦断的
録音データは質の問題（聞き間違いや記憶違い）は避けられるが，量を確保
するのが難しい。大人数を対象とした質問紙調査にはその逆の難しさがあ
る。本論で分析に使用する主たるデータは，筆者が自分の子どもの日常の発
話から日記的手法で収集したデータ（以下：寺尾データ，総数 125），小花ひ
ふみ氏が筆者とともに幼稚園，保育所から質問紙調査形式[12]で収集したデー
タ（以下：小花データ，同 644），堀内佳菜氏が筆者の助言を受けて保育所か
ら同形式で収集したデータ（以下：堀内データ，同 288）である。これらに
加えて，乾・寺尾・天野・梶川 (2003) が用いた NTT コミュニケーション科
学基礎研究所で DAT に収録された 2 名の幼児の縦断的会話データ，および
風間・阿部 (1997) の幼児への課題音読実験の結果を補助的に用いる。

　野・近藤 (2004) は構音制御モデルを用いて，パラメータの変更によって幼児音出現のメ
　カニズムを再現できることを示している。さらに，乾・寺尾・天野・梶川 (2003) は縦断
　的に収録した発話記録の中から幼児音を取り出し，それらは音韻的エラーより回復が遅い
　ことを指摘している。こうした議論を踏まえ，本論ではデータに幼児音が含まれているこ
　とを想定して分析を行う。

11　言語学者や心理学者が自らの子どものデータを採っている場合には聞き直して幼児の意
　図を確かめることができるかもしれないが，すべての実例にそれが可能なわけではない。

12　本論でも採用している幼児言い間違いの定義と説明，実例を示した説明書とともに実
　例とそれを発した幼児の年齢を記すよう依頼する書面を配付し，回答をデータベース化し
　た。成果は小花 (1995)，堀内 (2014) としてまとめられているが，いずれも本論の手法，
　結論とは異なっている。またデータの使用に関しては両氏から許諾を得ている。

4.　成人と幼児の言い間違いの比較

4.1　全体的傾向

　まず，2.2 節で述べたレベルとタイプの組み合わせによる分類にみる実例数の分布から全体的傾向の比較から始めよう。成人の言い間違いの分布，幼児の言い間違いの分布はそれぞれ以下の表 1，表 2 に示す通りである。

　表の中で代用が最も多く，付加や欠落の誤りが少ないというのは，「たとえ間違いが生じても音節，語，句などの言語構造に影響を及ぼすことは稀」という成人の言い間違いに関する先行研究で広く認められている傾向と一致する。さらにこのことは，意図に沿った枠が作られ，そこに要素が充填されるという言語産出モデルの基本的考え方とも合う¹³。この結果をみる限り，全体的な傾向はほぼ類似しており，幼児独自の言語産出メカニズムを考えなければならないほどの不連続性はないと言ってよいように思われる。

表 1　uSed 内の日本語言い間違いのレベルとタイプの分布（成人）

タイプ ＼ レベル	音韻	形態	語彙	文法要素	句	計（割合 (%)）
代用	1,162	115	762	484	17	2,540 (80.4)
交換	149	11	38	17	1	216 (6.8)
付加	39	8	0	44	0	91 (2.9)
欠落	45	37	13	52	25	172 (5.5)
混成	0	0	81	2	22	105 (3.3)
攪拌・移動	18	2	7	5	2	34 (1.1)
	1,413 (44.7)	173 (5.8)	901 (28.5)	604 (19.1)	67 (2.1)	計 3158*

*言い間違いの総計が示されている寺尾（2022）の数字とは曖昧な実例の処理に違いがあるため若干変動があるが全体的な傾向は同じである。

13　代表的モデルとして Garrett (1975) の二段階モデルがある。

表2　日本語言い間違いのレベルとタイプの分布（幼児）

レベル＼タイプ	音韻	形態	語彙	文法要素	句	計（割合（%））
代用	600	7	78	81	0	766（72.5）
交換	206	1	4	7	0	218（20.6）
付加	21	0	0	2	0	23（ 2.2）
欠落	30	1	0	3	0	34（ 3.2）
混成	0	0	7	0	0	7（ 0.6）
攪拌・移動	9	0	0	0	0	9（ 0.9）
	866（81.9）	9（0.9）	89（8.4）	93（8.8）	0	計 1,057

ただ，いくつかの箇所で無視できない差異があるようにみえる。一つ目は語彙の誤りに関する傾向である。今回観察した幼児のデータでは語彙の誤りは頻度が低く，あったとしても語彙代用の多くは（2c）でみたような独自に語彙化したかのような誤りであった。これは成人の語彙代用では，次の（3a），（3b）のように意味的，音韻的，あるいは二つの要因が混ざったかのようにみえる混合型の誤りが多いことと対照的であった。また，（3c）に示すような語彙の交換や（1e）でみたような語彙混成の誤りも本データではほとんど観察されなかった。この語彙レベルでの間違いの少なさの理由については後述したい。

(3)　a.　え，休み？病気をひいたのかな　（風邪）意味型
　　　b.　外来語というかたことの言葉　（かたかな）混合型
　　　c.　アパートのある風呂はいい　（風呂のあるアパートはいい）

二つ目は音韻交換タイプの誤りが幼児に多かったことである。これについては，同タイプの誤りの分析を主に扱った小花（1995）に収集上のバイアスが生じていたという可能性は捨てきれない。乾他（2003）の縦断データでは音韻交換の誤りはほとんど観察されておらず，音韻交換は本来もっと少ないは

ずだという見方もできる。ただ，堀内データではこの音韻交換は全体の2割ほど生じている（292例中59例）ことは気になるので，後に節を設けてより詳細に分析を行うことにする。三つ目は以下のような助詞など文法的要素を含む誤りが幼児にあまり観察されていないことである。

(4)　　のどに渇いちゃった　（のどが 3:1）

これは，しばしば指摘される周囲の大人は子どもの文法的誤りには関心が薄いという主張[14]を考慮に入れると，保育者への質問紙調査という収集方法が関係していると考えられる。

4.2　音韻的代用の比較分析

　本節から音韻レベルに絞って，まず代用タイプから成人と幼児の誤りの分析を行っていく。基本となる観点は，先行研究[15]で言い間違いの要因として指摘されている類似性（ターゲットとエラーは類似している）と近接性（エラーの近くにソースがある）である。

4.2.1　音声的類似性

　成人の音韻的誤りではエラーとターゲットの間に極めて高い音声的類似性があることが知られている。Stemberger (1983) によると英語の場合，同タイプの誤りの 57.6% が音声素性[16]の違いが二つ以内の音の間で起こっているという。成人と幼児の音韻代用におけるエラーとターゲットの間の類似性を音声素性の違いから見た結果は表3に示す通りである[17]。素性の違いが二つ以内という誤りがともに約3分の2を越えており，類似性は高いといえる。

14　Brown (1973) 他

15　Stemberger (1983), Dell (1984) 他

16　音声素性とは母音や子音を発音成分の集合体と考えた時にその一つ一つの成分のこと。たとえば声帯振動を伴う閉鎖子音は [+ 子音], [+ 有声] といった素性を持つ。

17　今回の分析では子音の特徴を調べている。母音が絡んでいるもの，モーラ単位の誤り，複数音が関係している誤りは分析に含まれていない。モーラとは音節や語の長さを測る単位であると同時に日本語では等時拍を刻むリズムの単位でもある。「蚊 /ka/」は1音節1モーラ，「缶 /kaN/」は1音節2モーラとカウントされる。

表 3　代用された 2 音の音声的類似性.（成人（n=379）　幼児（n=370））

異なる音声素性の数	成人の誤り	幼児の誤り
1	150	124
2	97	134
3	82	78
4	38	23
5 以上	12	11

4.2.2　文脈性

既に (1) でみた通り，言い間違いにはすぐ近くに誤りを引き起こした「原因」というべき同一要素が存在することが多い。(1a)，(1b) ではそれぞれ /pe/, /to/ があり，モーラ，あるいは子音や母音が誤りのソースになっていることを確認されたい[18]。このような誤りは文脈的誤りと呼ばれるが，次に示すように幼児の音韻代用にもこうした誤りは存在する。(5a) では /onara/ の /na/ が語の境界を越えて予測代用されているとみることができる。

(5)　　いな, いまオナラしてもばれない (5;11)

では，頻度はどうだろうか。表 4 に成人と幼児の文脈型の実例数とそれらが生じた統語環境を同時に示した。

表 4　代用された要素が属していた統語環境（成人（n=1162）　幼児（n=600））

統語環境	成人 607（全体の 52.2%）	幼児 65（全体の 10.8%）
語内（含 複合語）	129	58
語間	456	7
節境界をまたぐ	22	0

18　「プレゼントクイル（クイズ）」(/purezeɴto/ の /r/ の保続)「しょとき申告（所得）」(/siɴkoku/ の /i/ の予測)のような実例は子音や母音単位のソースを持つと解釈できなくはないが，今回は出現頻度を考慮に入れて同一のモーラが現れているもののみを「ソースあり」とした。子音あるいは母音単独ソース型の誤りは 332 例を数えた。同一モーラ型の実例数を合わせると成人の音韻代用の 8 割は何らかの形で近隣にソースを持っている文脈型ということになる。

　本データでみる限り幼児の文脈的音韻代用は音韻代用全体の1割ほどと驚くほど少なく，語内という極めて狭い統語環境で生じていることがわかる。

4.2.3　エラーとソースの方向と距離

　エラーとソースの位置関係，つまり誤りを引き起こした要素はどこからどれくらいの距離を隔てて侵入してきたのか，という方向と距離も近接性を探る上で重要な観点である。前者については (1) でみた「予測型」と「保続型」の分類を用いる。後者についてはエラーとソースの間に介在するモーラ数を数えて測定した。結果は表5に示す通りとなった。

　幼児の方の実例数が少ないものの，予測型と保続型の割合は成人と幼児でほぼ同じとなった。しかし距離は幼児の方が明らかに小さいことがわかる。こうした情報は言語産出研究に対して示唆的である。

表5　文脈型の代用における方向と距離（成人 (n=637)　幼児 (n=66)）*

	成人		幼児	
予測型	449	（平均距離　2.5 モーラ）	45	（平均距離　0.6 モーラ）
保続型	188	（平均距離　3.8 モーラ）	21	（平均距離　0.8 モーラ）

　* 曖昧な実例は重複してカウントしたので表4の総計とは異なる

　予測型の誤りが多いことは，私たちの言語産出処理は先へ先へと進むことと関係するであろうし，距離はその時にどの程度先をみているかのスパンを教えてくれると考えられるからである。上記の結果をみる限り，幼児は限られた統語環境でほんの少し前しか視野に入れていない，と言えるかもしれない。ただ，ここでもう一つ注意したいのは，英語を母語とする幼児の言い間違い研究[19]においては，これまで幼児の誤りの文脈性について最も注目されるのは「保続型」の優位性であることが繰り返し述べられていることである。この違いの意味合いについても次節で考えてみたい。

4.3　音韻的交換の比較分析

　次に音韻交換についても同じく類似性と近接性を中心に比較・分析を行

19　Stemberger (1983), Jaeger (2005)

なってみたい。(1c) では語幹の一部とモーラの交換をみたが，以下に様々な単位で生じた成人の音韻交換の実例を加えておこう。

(6)　a.　第三<u>へ</u>い<u>き</u>ん　（京浜）
　　　b.　<u>と</u>べ<u>ん</u>ですみません…　（手盆で）
　　　c.　<u>すが</u>るシャトル　（<u>する</u>がシャトル）
　　　d.　よく当た<u>る</u>う<u>なら</u>い　（<u>うらな</u>い）

　上記実例はそれぞれ交換が生じている単位が異なる。(6a) は子音，(6b) は母音，(6c) はモーラが交換されている。(6d) は子音の交換に見えるが，後続する母音 /a/ が共通なので子音の交換なのかモーラの交換なのかが曖昧な例といえる。それぞれ，C 型，V 型，M 型，MC 型と呼ぶことにしよう。同様の誤りは (7) に示す通り幼児にも観察された [20]。しかも，表 2 を見る限り，データ収集法に注意すべき点はあるものの，成人よりも高い頻度で観察されている。

(7)　a.　ろう<u>こす</u>　（ろう<u>そく</u>　3;2）
　　　b.　<u>みも</u>じ…　（<u>もみ</u>じ　2;6）
　　　c.　<u>ばし</u>ふのところ　（<u>しば</u>ふ　3;3）
　　　d.　まき<u>どもし</u>　（まき<u>もどし</u>　2;5）

　ここで，前節でみた音韻代用の誤りにおいて幼児の文脈的な誤りの頻度が極端に低かったことを思い出してほしい。交換の誤りは定義上エラーとソースが明らかであるので，音韻交換は今回の幼児の音韻的言い間違いデータの中で貴重な，文脈性に関する情報を与えてくれるという点で興味深い。

4.3.1　交換された単位による下位分類

　まず交換された単位の比較分析から始めよう。単位ごとの頻度を調べた結果は表 6 の通りとなった。全体的に類似した傾向が見て取れる中で，まず目

20　ただ，本論の幼児データには母音単独の V 型の交換は観察されなかった。(7b) に見るように，母音が交換されているが先行する /m/ が共通なので母音かモーラの交換か曖昧な MV 型と呼ぶべき例は観察された。

に入るのが成人，幼児とも MC 型が高い値を示していることである。これ
は，これまでの研究 [21] で指摘されてきた反復音素効果と呼ばれる「同じ音が
先行，あるいは後続する要素は交換されやすい」という傾向と合致するもの
である。

表 6　交換された音韻単位ごとの頻度（成人（n=149）　幼児（n=206））

交換された単位（略称）		成人頻度 (%)	幼児頻度 (%)
子音	子音単独（C）	21 (14.1%)	24 (11.7%)
	モーラ／子音（MC）	84 (56.4%)	138 (67.0%)
母音	母音単独（V）	6 (4.0%)	0
	モーラ／母音（MV）	5 (3.4%)	2 (0.9%)
モーラ	モーラ単独（M）	33 (22.1%)	42 (20.4%)

　また成人，幼児とも母音が関連する交換の頻度が極めて低いことは注目に
値する。これは音節を構成する根幹 [22] は揺るがないことを示していると考え
られる。これを支持する観察として，表には直接現れてはいないものの，母
音と子音が交換されて音節構造が崩れる誤りは皆無であった [23]。

4.3.2　交換が生じた環境と距離

　続いて，交換が生じた具体的な文脈をみていこう。表 7 は交換された要素
間に介在したモーラ数を示している。介在モーラ無しが圧倒的に多く，平均
でも成人 0.6 モーラ，幼児 0.2 モーラとほぼ隣接したモーラ間で起こってい
ると言ってよいほどである。

　ただ，どんな統語環境で交換が生じたのかをみると成人と幼児に違いがみ
られる。表 8 をみると，成人の場合語の境界を跨いでの交換（1c 参照）がみ

21　Dell（1984）他
22　音節は聞こえの単位であるので，聞こえ度が相対的に高い母音が子音を従える形で子
　　音＋母音，子音＋母音＋子音のようなまとまりを形成する。この構造は言い間違いで崩れ
　　ることはなく，また音節内の子音，母音の順序が維持されるように間違いが生じることか
　　ら音節は音韻処理の過程でも有効な単位であると考えられている。
23　成人の交換で「そいざん感（存在感）」のような誤りはあったが，少数であることに加
　　え，いわゆる特殊モーラ同士の交換であって，音節構造は壊れていないことに注目すべき
　　であろう。成人の交換については寺尾（2015）を参照されたい。

られることに加え，語内という環境であっても，「マスバット　（バスマット）」，「はようさんさよう　（作用反作用）」のような複合語を構成する要素間の対応する位置にある音が交換されている例が無視できないほど生じている。幼児の場合はこのような例は少なく，言語産出モデルでの説明が必要になるように思われる。

表 7　交換された 2 要素間の距離（成人（n=149）　幼児（n=206））

介在モーラ数	成人頻度	幼児頻度
0	91	163
1	36	41
2	13	2
3 以上	9	0

表 8　交換された要素が属していた統語環境（成人（n=149）　幼児（n=206））

タイプ	成人頻度	幼児頻度
語内（カッコ内は複合語）	133（57）	198（49）
複合語構成素境界またぐ	33	9
語境界をまたぐ	16	1

4.3.3　音声的類似性からみた音韻交換

　これまでの観察では，幼児の音韻交換では，「音節という枠は崩れない，語彙という枠は越えられない」ということが示された。では，交換される音要素そのものの特徴はどうだろう。代用と同じく，音声素性の値の違いをもとに類似性からみると [24]，表 9 のような結果が得られた。ヨーロッパの言語を対象にした先行研究では，交換される二音の類似性の高さが指摘されてきたが，本データ，特に幼児の交換においては素性の違い二つ以内の実例が 4 割程度と顕著な特徴は示されなかった。ただ，素性がまったく機能していないかというと，そうとばかりは言えない。[± 有声性] の観点からみると，有声音は有声音と，無声音は無声音と交換されやすいこと [25]，また素性一つ

24　音韻環境を揃えるため，MC 型の誤りを分析の対象とした。

25　上野（2013）は「あるば（油）」など方言に現れる音位転換を例に，転換は有声音間で起こりやすいこと指摘している。本データでは無声音同士の交換も多くみられたが，有声音

違いの誤りはほとんどすべてが調音位置の違いによるものだった，という規則性は指摘しておきたい。

　続いて，反復音素効果をもたらした母音について調べてみると，表 10 のようになった。成人は /a/ と /o/，幼児は同じ /a/,/o/，に加えて /u/ も頻度が高かった。後舌性を持つ母音という傾向は指摘できるが，詳細は今後の課題である[26]。

表 9　交換された 2 音の音声的類似性（成人（n=84）　幼児（n=148））

音声素性の異なり数	成人頻度	幼児頻度
1	24	37
2	28	24
3	19	46
4 以上	13	41

表 10　MC タイプの反復音素効果に関わった母音の頻度

反復母音	a	i	u	e	o
成人頻度　（n=84）	47	5	7	5	20
幼児頻度　（n=138）	70	6	22	14	26

　この他にも，Selkirk（1984）などで音素の配列に重要な役割を果たすとされる共鳴性[27]の観点（共鳴性の高い音は交換の時に低い音にとって代わるか），および調音の発達から推測される容易性の観点（早く獲得される音は易しい音であり，交換の時に遅れて獲得される音にとって代わるか）について調べてみたが，いずれも著しい傾向は見つからなかった。

4.3.4　補足的要因―幼児が「苦手」とする語―

　最後に，幼児の音韻交換にみられた特徴を加えておきたい。一つは同じ語

−無声音間の交換は少数であった。

26　そもそも母音が連続する場合はこれらの母音の頻度が高いのだ，という見方かもしれない。大規模発話コーパスから母音が反復して現れる頻度を数えた氏平・太田（準備中）によると，その頻度は a, o ≫ u, i ≧ e　だったという。入力や語彙知識で発達途上の幼児でも同じ傾向がみられた点は興味深い。

27　共鳴性とは，調音の際に声道内をどれだけ呼気がよく流れてどれだけ「鳴る」かの度合いをいう。当然母音や渡り音（w や j）は高く，阻害音（閉鎖音や摩擦音）は低い。

に誤りが報告されている重複が多いことで，これは自然発話から収集した成人の交換にはあてはまらない。代表的な例をあげると「テビレ（テレビ）」，「おじゃまたくし（おたまじゃくし）」，「エベレーター（エレベーター）」，「とうもころし（とうもろこし）」「おたかづけ（おかたづけ）「おすくり（おくすり）」となる。ここから幼児の「苦手」を形作る条件を挙げていくと，（i）比較的長い語の，（ii）中ほどにある，（iii）隣接する，（iv）同じ母音を持つ，（v）調音点が後ろから前へ移動する[28]，（vi）子音が並んだ時ということになる。限られた例からではあるが，言語産出モデルの発達についてヒントになりうる要因であろう。

4.4　年齢と言い間違い

　本節では幼児の言い間違いを俯瞰的に眺める意味で，音韻代用と交換が生じた年齢をまとめてみた。結果は図 1 に示す通りとなった。

　図から推測できることは，本データの収集方法，および定義による言い間違いは 4 歳を境に大幅に実例数が減少することである。この 4 歳という年齢は先行研究でも注目されている。風間・阿部（1997）は音読実験で生じるエラーが 4 歳を境に急激に減少することを音韻構造の獲得と結びつけて論じている。また，Stemberger（1989）は彼が収集した幼児データの特徴とした保続の誤りが 4 歳を境に落ち着くことから，音韻産出において活性化された母音や子音がアクセス終了後減衰する速度がこの年齢から成人と同じ程度になるのではないかと提案している。本データからも情報を補足すれば，幼児が自らの誤りに気がついて言い直しをしたり，誤りを反復して面白がったりする発話の初出は 4 歳 0 ヶ月であった[29]。複雑で長い発話ができるようになると，幼児的な言い間違いが減っていく，この関係性は「成人のような誤りをする」始まりを示唆しているのではないか。今後年齢だけでなく MLU との関連も含めて捉え直すことで興味深い進展が期待される。

28　伊藤（2005），寺尾（2002）に調音点を前から後ろに引く方がその逆よりも容易性が高いという記述がある。

29　「このワンピース，水鉄砲やった時にきている，きていたのね」と自己修正を行った。同じ幼児は 3 歳 11 ヶ月の時に「かんごくさん，あれ，むずかしい　（看護婦さん）」と調音の難しさへの気づき発言を行っている。

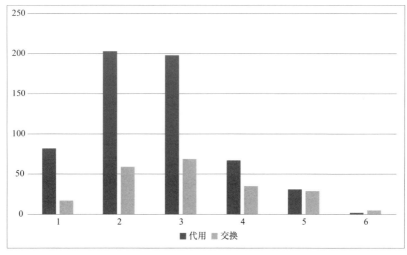

図1　年齢別　代用と交換の実例数

5.　言語産出モデルへの示唆―結論にかえて―

　言い間違いを資料として言語産出モデルを組み立てる試みは，Garrett
(1975) の自律・系列型の二段階モデルをはじめ，様々な提案がなされてき
たが，各言語レベルをネットワークで結び，その中の言語単位の活性化の振
る舞いを動的に捉えた Dell, Stemberger らの相互活性化モデルは重要な到達
点とみることができる。そこでは，言い間違いは発話処理過程の「ノイズ」
の結果として説得力のある形で説明を与えられてきた。たとえば，(3b) の
ような意味的にも音韻的にも類似した語代用は音韻レベルから語彙レベルへ
の過剰なフィードバックによるものであり，反復音素効果は同じタイプの音
節間で減衰を受けずに同じ母音から活性化を受ける子音が高い活性値をもつ
ため，さらに幼児に多いとされた保続の誤りは一度上昇した活性値が元のレ
ベルまで減衰するのに時間がかかるため，というように説明された。

　ただ，現在の研究動向をみると，相互活性化モデルは到達点であったという
より必然的な中継点であった，という評価が正当であるように思われる。とい
うのは，この活性化モデルのデザインと駆動方法はシミュレーションや深層学
習に向いていたからである。代表例として Foygel & Dell (2000) をみてみよう。

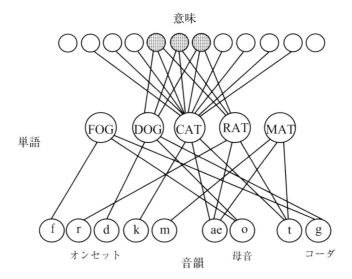

図 2　相互活性化モデルによる語彙アクセス（Foygel & Dell 2000 より一部改変）

　このモデルは意味，語彙，音韻各レベルの各ユニットが活性化を受け，閾値を越えた勝者がアクセスされるという相互活性化モデルの原理はそのままに，活性化の値が 1 時刻 (t) ごとに変化していく様子を計算し，数値化する。基本式は以下の通りで，ある時刻 t におけるユニット j の活性値 $A(j, t)$ はその一つ前の活性値に減衰分 (1-q) を掛け合わせた値と，その時点までに直前のユニット i に送られた活性値にユニットの重み p（受け取る情報価）を掛け合わせたものの総和を加え，さらにノイズ（noise）を足し合わせたものということになる[30]。

(8)　　$A(j, t) = A(j, t - 1)(1\text{-}q) + \Sigma pA(i, t - 1) + noise$

この中の noise や重み付けの数値を変化させて，シミュレーションを行っていることになるが，本論で得られた観察の結果をどう反映させいくか示唆を

30　これに語彙層と意味層との間と，語彙層と音韻層の間にそれぞれ重み付け (*s*) と (*f*) が加えられることがある。

行って，結論の代わりとしたい。

- 誤りの全体的傾向は成人と幼児は似ている…誤りのレベルとタイプの傾向は似ており，音節枠を含む言語構造は崩れないというところから言語産出モデルの発達上の連続性はあるとしてもよい。音声的類似性の縛りも成人に比べてゆるいが幼児にも働いている。

- 語彙の誤りが少ない…上記のような連続性はあるが，語彙に関する誤りが少ないということは，発達の初期では，ライバルとなる周囲の語彙を同時に活性化するほど意味層からの活性化は強くはないと考えられる。それに伴って，音韻層から語彙層へのフィードバックも小さくてよいことになる。このことは (1e) のような語彙混成の誤りが幼児に少なかったことからも支持される。

- 文脈性に乏しい…上記に加えて節内の他の位置に生起するはずの語彙も一度に活性化はできていないために文脈性が乏しくなると予想される[31]。音韻部門の処理も 4 歳より前は一度に及ぶ射程は語内にとどまるのではないか。これは自ら誤りに気づいて言い直すことがほとんどないことからも窺える。モデルにモニター機能の仕組みが本格的に求められるのは 4 歳以降の可能性がある。4 歳という年齢は注意すべき境目かもしれない。

- 反復音素効果はある…音韻的言い間違いにおける文脈性を示す交換タイプの誤りに早くから，同じ母音をもつ子音間で起こりやすいという反復音素効果がみられることから[32]，幼児の音韻処理のスパンは最小でも 2 モーラ分はあると推定される。

- 保続が優位ではなく，予測が少しだけ多い…英語を母語とする幼児を対象にした先行研究で指摘されていた保続型の優位さは，本データではみられなかった。保続型の誤りは，一度アクセス可能となる値を越えるまでに活性化されたユニットが元の休止レベルまでに戻る（減衰）までに手間取るから起こると推定される。このことから減衰値の設定は小さめにしてもよいのではないかと考えられる。

31　図2は1語のみを産出するモデルであるが。先行研究ではエラーとソースの距離から，節単位で必要な語彙がほぼ同時にアクセスを受けていると想定されている。

32　たとえ「エベレーター」が幼児の思い込みであったとしても，そこには＿e＿eという反復音素効果がみられることに注意されたい。

6.　おわりに

　本章では，成人と幼児の言い間違いの比較分析を行い，言語産出モデルの連続性を提案するとともに，シミュレーションの時代を迎えた相互活性化モデルの精緻化に向けてのいくつかのヒントを得ることができた。

　観察の結果に関しては，特に文脈性において成人と幼児，日本語と英語の間で見つかった違いについて，他の方法で得たデータで検証する必要があることは言うまでもないが，それは今後の課題としたい。

【外国語（日本語）教育に関わる人が知っておくべきポイント】

・ 言語習得研究においては学習者の誤りとして習得途上の体系的誤り（error）が注目されることが多いが，本章で取り上げたような突発的で非体系的な誤り（lapse）が現れるようになったらそれは習熟度が上がったサインとみることもできるのではないか。その意味で，言語の違いに拘らず，いわゆる lapse の誤りが持つ規則性や言語処理理論への意味合いにも注意する必要がある。

【執筆者から読者へのメッセージ】

　日常の突発的な間違いの持つ意外な規則性，研究データとしての面白さ，さらには AI 時代の発話モデルへの貢献可能性について一端を示したつもりです。習得途上の体系的な間違いではなく，こちらの間違いも面白いでしょう？言い間違いデータは公開しています。ご連絡，お待ちしています。

付　記

本書で使用するデータの一部は筆者が小花ひふみ氏，堀内佳菜氏と共同で収集したものが含まれている。ここに記して感謝したい。

参照文献

Brown, R.（1973）. *A first language.* Harvard University Press.

Corder, S. P.（1973）. *Introducing applied linguistics.* Penguin Books.

Dell, G. S.（1984）. Representation of serial order in speech: Evidence from the repeated phoneme effect in speech errors. *Journal of Experimental Psychology: Learning, Memory, and Cognition, 10*(2), 222–232. https://doi.org/10.1037/0278-7393.10.2.222

Foygell, D. & Dell, G.S.（2000）. Models of impaired lexical access in speech production. *Journal of Memory and Language, 43*, 182–216. https://doi.org/10.1006/jmla.2000.2716

Fromkin, V.A.（Ed.）.（1973）. *Speech errors as linguistic evidence*. Mouton.

Garrett, M.F.（1975）. The analysis of sentence production. In G. Bower（Ed.）. *Psychology of learning and motivation Vol. 9*（pp. 133–175）. Academic Press.

堀内佳菜 (2014).「こども会話入門」武蔵野美術大学デザイン情報学科卒業論文.

伊藤克敏 (2005).『ことばの習得と喪失』勁草書房.

乾敏郎・寺尾康・天野成昭・梶川祥世 (2003).「発話の縦断的データによる幼児の音韻的誤りの分析」日本発達心理学会第 14 回大会 (神戸市) 発表論文.

井尻昌範・乾敏郎・天野成昭・近藤公久 (2004).「構音学習モデルに基づく幼児音化メカニズムの検討」『信学技報』NC2004-135, 61–66.

Jaeger, J.J.（2005）. *Kid's slip*. Lawrence Erlbaum Associates.

風間雅江・阿部純一 (1997).「幼児のスピーチにおける分節的エラーの発達的変化を音韻的特性」『北海道心理学研究』*20*, 51–62.

小花ひふみ (1995).「幼児の音位転換に関する実証的研究」常葉学園短期大学専攻科保育専攻修了論文.

Selkirk, E.（1984）. On the major class features and syllable theory. In M. Aronoff & R.T. Oehrle（Eds.）, *Language and sound structure*（pp. 107–136）. The MIT Press.

Stemberger, J. P.（1983）. *Speech errors and theoretical phonology: A review*. Indiana University Linguistic Club.

Stemberger, J.P.（1989）. Speech errors in early child language production, *Journal of Memory and Language*, 28, 164–188. https://doi.org/10.1016/0749-596X（89）90042-9

寺尾康 (1993).「音韻的交換型の言い誤りの特徴について―成人と幼児の誤りの比較を含めて―」『日本語のモーラと音節構造に関する総合的研究 (2)』平成 4 年度文部科学省重点領域研究『日本語音声』研究成果報告書, 102–109.

Terao, Y.（2008）. Remarks on comparative analysis between children's and adults' speech errors in Japanese. In T. Sano, M. Endo, M. Isobe, K. Otaki, K. Sugisaki, & T. Suzuki,（Eds.）, *An enterprise in the cognitive science of language*（pp. 443–453）. Hituzi Syobo.

寺尾康 (2002).『言い間違いはどうして起こる？』岩波書店.

寺尾康 (2015).「言語産出研究の「内」と「外」―言い間違い分析の観点から―」深田智・西田光一・田村敏弘 (編)『言語研究の視座』(pp. 412–426). 開拓社.

寺尾康 (2022).「言語産出研究における基礎的データとしての言い間違いの価値」,『認知科学』*29*(1), 74–84.

氏平明・太田貴久 (準備中)「同母音の出現パターンの集計方法について」, ms.

上野善道 (2013)「「フンイキ」～「フインキ」から音位転換 (メタテシス) について考える」国立国語研究所講演会 (2013 年 3 月) 資料.

3

可算・不可算の区別の習得

―個別化の観点から―

小川睦美

1. はじめに

　英語学習者にとっての可算名詞と不可算名詞の区別の難しさは，(1) のような例文に現れている。

(1) a. This house is built of *brick*.
　　　この家は煉瓦で造られている。
　　b. He used *bricks* to build the house.
　　　彼はその家を建てるのに煉瓦を使った。
　　c. The house had *a brick* of a different colour.
　　　その家には異なる色の煉瓦が一つあった。

つまり同じ煉瓦造りの家を見ていても，brick という単語は不可算名詞と可算名詞（単数・複数）の両方として使用できるのである。英語には文脈によって可算・不可算両方の解釈ができる名詞(以後フレキシブル名詞と呼ぶ)が多数ある。学習者にとって困難なのは，そのような名詞のフレキシブルな側面を学習すること，それぞれの言語形式の意味を正しく理解すること，そして産出時に自分の意図する内容を正しい言語形式で表すことだと言えるだろう。特に，(1a) と (1b) の日本語訳において brick/bricks の両方が単なる「煉瓦」と訳されていることからもわかるように，日本人英語学習者にとっては母語 (L1) である日本語の文法において名詞の数表記が必須ではないため，可算・不可算の意味の違いを理解することや義務的に表記することは難

しいと予想できる。したがって，適切な指導を行うことが重要であると考えられるが，実際の教育現場や学習者テキストなどで「英語には数えられる名詞と数えられない名詞がある」ということ以上の何かが十分に教えられているとは言えない。

本章では，可算・不可算の区別について「数えられるか否か」ではなく，その本質について説明し，日本人英語学習者にとっての可算性の習得について考えていきたい。まず，第2節にて言語学分野での可算性研究を概観し，学習者にとってわかりやすいように可算性とは何を表す文法なのかを説明する。そして第3節でL1習得，第4節で第二言語 (L2) 習得の研究成果をまとめ，可算性習得について考察する。第5節では，英語学習への示唆を踏まえて本章をまとめる。

2. 可算・不可算の区別とは

まず，可算名詞と不可算名詞の違いは統語的特徴から論じることができる。例えば，可算名詞は複数形態素–s をつけ，数詞を伴うこともできるが，不可算名詞はそれができない (two cars, *two sands[1])。可算名詞と不可算名詞はそれぞれ異なる数量詞をとる (many/few cars, much/little sand)。そして，主語と動詞の一致 (is/are) や代名詞 (it/they) において，可算名詞は単数・複数の両方の形をとるが，不可算名詞は単数のみが可能である。可算・不可算の区別を統語に関する区別とし，名詞は恣意的にいずれかに分類されると考える根拠となる有名な例として，麦の一種である oats (オーツ麦) と wheat (小麦) が挙げられる。前者は可算名詞の複数形で，後者は不可算名詞として使われるわけだが，語彙意味の違いからこの区別を予測することはできない[2]。その他にも，rice は不可算だが beans は可算複数，information は英語で不可算だがフランス語では可算複数で表すことができる。可算性の区別が語彙意味に起因していると考えると，これらの違いがなぜ生じるのかは説明し難い。多くのこのような事例から，可算・不可算の区別は意味に基づいた分類ではなく，あくまでも恣意的に決定される文法としての形式的な区別だと考

---

1 ＊（アスタリスク）は文法的に正しくないことを示す。

2 Wierzbicka (1985) はこの考えに挑戦し，oats と wheat の違いを意味論的に論じている。

えることができる。つまり，ある単語が (2a) の下線部のような，文の構成
として可算名詞しか現れることができない場所 (以後可算統語と呼ぶ) で使
用されることで可算名詞になり，(2b) の下線部のような不可算名詞しか現
れることのできない場所 (以後不可算統語と呼ぶ) で使用されることで不可
算名詞になる。どのような名詞がどちらの統語で使用されるべきかを説明す
るわけではないので，学習者にとっては腑に落ちないかもしれない。しか
し，単語が可算統語もしくは不可算統語で使用された場合，それぞれどのよ
うに解釈すべきかが学習しなければいけないポイントであり，可算性の本質
を考える際にとても重要である。

(2)　a.　I have a ＿＿＿ / many ＿＿s.　　There are some ＿＿s.
　　　b.　I have ＿＿＿ / much ＿＿＿.　　There is some ＿＿.

　次に，a book や a car のように可算名詞の指示対象は物体であり，water や
sand のように不可算名詞の指示対象が物質であるという傾向から，可算性
の区別を実世界における存在物 (以後モノと呼ぶ) の特性に結びつける分析
ができる。例えば，物体には原子性 (atomicity) という特性があり，それと
見なせる最小単位，つまり原子が存在する場合は可算名詞となる。本 (a
book) を例にすると，表紙や背表紙だけを指して a book とは言えず，数ペー
ジだけ切り離してそれを a book とも言えないのは，a book と見なされる原
子が存在するからである。一方，不可算名詞には累積性 (cumulativity) や均
質性 (homogeneity) という特徴がある[3]。water をどれだけ累積させても water
であることに変わりがないのは，water が均質的に構成されているからであ
り，このような特徴を有するモノが不可算名詞となる。しかし，furniture や
jewellery のような不可算名詞の場合，指示対象は物体であり，furniture の指
示物であるソファーや机には原子性がある。そのため，これらの名詞は原子
的不可算名詞 (atomic mass nouns) や物体不可算名詞 (object mass nouns) と称
されることもあり，実世界のモノの特徴を軸にする可算性の区別では，言わ
ば例外的な不可算名詞となる。

3　類似した概念としての分割性 (divisiveness) は Bunt (1985/2009) を参照。

　しかし，本当に例外なのだろうか。furniture のような不可算名詞は，事物の集合体を表す集合名詞 (aggregate nouns[4]) とも呼ばれている。furniture は複数の家具を集合させても furniture であることに変わりない点では，不可算の特徴である累積性を維持している。ペンを何本累積させても pens であることに変わりないことを考えると，累積性と原子性という観点において，furniture のような不可算名詞と可算複数名詞には共通点が見られる。しかし，three pens とは言えるが，three furnitures とは言えないという決定的な違いもある。その違いは累積する構成物を考えるとわかりやすい。pens はあくまでもペンの累積であり，そこに消しゴムは含まれない。可算名詞では異種の物体を同じ単語で数えることはできない。しかし furniture の場合，同種の家具だけでなく，多種多様な家具が混在することを許容するので，椅子のみを指して furniture とも言えるし，テーブルやベッドも含めて furniture とも言える。つまり，様々な個の物体を同種と「みなす」ことで累積が可能になるのである。2 台のテーブルを見て two tables, two pieces of furniture と異なる表現で表せるのは，厳密には対象物をどう認識しているのかが異なるからだと言える。このように，可算・不可算の区別とは実世界のモノの特徴ではなく，モノをどう捉えるかという認知の違いを表していると考えられる[5]。

　可算・不可算の区別は，どのように指示対象を認識するかという概念的意味の違いを表象しているとすると，実世界，概念 (思考)，言語の仕組みを図 1 のようにまとめることができる[6]。

4　Joosten (2010) では，名詞と指示対象の関係として [± part of], [± kind of] が成り立つかを基準とし，一般的に集合名詞と呼ばれる名詞を collective nouns [+ part of/−kind of] (team, group など)，aggregate nouns [+part of/+kind of] (furniture, jewellery など)，superordinate nouns [−part of/+kind of] (vehicle, animal など) に分けて定義している。

5　人工ニューラルネットワーク (脳内の神経細胞ニューロンのネットワーク構造を模した数学モデル) を使って，どのように統語素性と意味素性がパターン化され，学習されるのかを調べた研究でも，指示対象の特徴をもとにして文法規則を一般化するのには限界があることを示唆している (Kulkarni, Rothstein, & Treves, 2016)。

6　図 1 は Bloom (1990) を参考に本章用に修正した。その他，Jackendoff (1991)，Langacker (2008)，Talmy (2000) を参照。

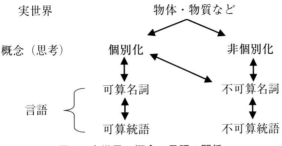

図 1　実世界・概念・言語の関係

　可算・不可算の区別は，モノを個別化して捉えるか否かという個別性
（individuation）を表している。a car や a chair のような物体は，「個」として
個別化して捉えやすく，可算名詞として使用される。逆に water や gold のよ
うな物質は，何を「個」として捉えたらいいのかがはっきりしておらず，不
可算名詞として個別化せずに捉える方が認識しやすい。実世界のモノをどう
認識するかは状況や話者次第であるため，物質を個別化して捉えることも可
能であるし，物体を個別化せずに捉えることも可能である。概念と言語の関
係性は双方向であり，どう認識するかが言語に表れ，言語で表された通りに
認識することも可能である。ここで重要なのは，可算・不可算という文法上
の区別と，個別化・非個別化という認知の仕方を照らし合わせると，可算名
詞＝個別化にはなるが，不可算名詞は両方を許容するということである。
furniture を例にしてもわかるように，不可算名詞でも「個」として認識する
ことは可能である[7]。英語学習者が習得しなければいけない知識は「可算名詞
は個別化して捉える」ということである。
　個別化して認識するとは具体的にどのように捉えることなのかを，学習者
にわかりやすいよう二つの基準をもとに説明したい。まず個別化という概念

7　日本語や中国語，韓国語のように，名詞の形式として可算・不可算の区別が必須ではな
　く，数を表す際に類別詞（本，冊，杯など）を用いる言語においても，不可算の形式が個
　別化・非個別化の両方を許容する点は共通していると考えられる。例えば，「私はりんご
　を食べた」という文において「りんご」の数は明記されておらず，形式的には英語の不可
　算のような表し方である。その意味は文脈によってりんご一個（an apple のように「個」
　としての捉え方），複数のりんご（apples のように「個」の集合体），すりりんごのような
　形状のもの（apple のように非個別化した捉え方）を指すことができる。

は，境界性 (boundedness) という用語で説明されることがある[8]。つまり，指示対象に境界があるかどうか，具象物を例にすると「決まった形があるかどうか」ということである。例えば，water の決まった形は何かと問われれば難しいが，a car の形は容易に想像できる。その名詞の意味として，どのような境界を持っているかということであり，原子性の考えと似ている。また，水はペットボトルやグラスに入っていることが多く，それらの形状によって語用論的に境界を意識する場合も個別化が可能となり，two waters で2本のペットボトルに入った水を指すことができる。つまり，名詞の意味として含まれる境界を意識することで，個別化して捉えるという方法である。

　もう一つの基準は，「他と分けて認識する」ことである[9]。例えば，Evian とVolvic など種類の異なる水を指して，two waters と表現することが可能である。その他にも種類の異なる oil を指して oils (sesame oil, olive oil, sunflower oil など) と表現することもできる。様々な種類の油を意識している場合は個別化して oils と表現し，そのような意識がない場合は非個別化して oil と表現する。形状などの外的様相を基準とするのではなく，種類などの内的要素を基準として一方と他方を分けて認識し，個別化しているのである。

　このように個別化の方法として，決まった形があるか，他と分けて認識するかの二つの軸を持つことは，具象名詞と抽象名詞の両方で可算性を考える際に学習者にとってよりわかりやすい。境界性は具象物に対しては比較的簡単な概念であるが，抽象物を例にとると難しい。例えば，culture の決まった形は何かと問われれば難しい。しかし，国や地域ごとに異なる文化が存在するため，それを基準に他と分けて認識することで，複数形の cultures が可能だと考えると理解しやすい[10]。

　可算・不可算の区別は認知の仕方を表しているが，全ての名詞が等しく個別化・非個別化の認識を許容し，等しく可算名詞にも不可算名詞にもなり得

8　Jackendoff (1991)

9　Croft & Cruse (2004)，Langacker (2008)，Radden & Dirven (2007)

10　他と分けるという方法も，目には見えない「境界」を意識するという点において境界性と同義である。しかし，本章で二つの基準を提案するのは，具象名詞から抽象名詞へと習得が進む過程を反映するためである。習熟度や年齢の低い学習者には，「決まった形」という基準で具象名詞を用いて指導することから始めると理解しやすい。

るわけではない。例えば，心理学実験によってレキシコン (lexicon[11]) 内には可算になりやすい名詞，不可算になりやすい名詞という区別があることが報告されており，この区別は二極的に分割されるものではなく，むしろ図 2 のような連続的な軸の上で，各名詞がどこに位置するかが異なると考えられる [12]。例えば，car や book はより可算側に位置し，water や sand はより不可算側に位置する。furniture は不可算としてしか使用されないので不可算の最端に，brick や rope などのフレキシブルな名詞は中央に位置する。名詞がどこに位置するのかはインプットに影響され，可算・不可算のどちらの使用に触れてきたかによって決定されると考えられる。実際に，L1 英語話者は年齢を重ね，様々なインプットに触れることで，両端に集中していた名詞群が中央のフレキシブルとして分類されてくることが報告されている [13]。

図 2　連続体としての可算・不可算の区別

　今までの研究成果や議論をもとに，可算・不可算の区別は以下のように一般化できる [14]。

(3)　　一般化 1：全ての可算名詞は数で数量化される（つまり，数えられる「個」を意味する）。
　　　　一般化 2：不可算名詞は，塊，量，数など複数の異なる計測様式で数量化される [15]。
　　　　一般化 3：不可算統語で「個」を意味する名詞は，可算名詞として同

11　心内語彙や心的辞書と訳され，脳内に記憶された語に関する知識の集合体を指す。

12　可算・不可算の区別に関係する形態素及び統語形式の使い方を調査した研究も，段階的な区別を支持している (Kulkarni, Rothstein, & Treves, 2013)。

13　Taler & Jarema (2007)

14　Srinivasan & Barner (2020, p. 171)

15　何を基準に数量化するのかという点で，不可算名詞は塊 (butter など) や量 (water など)，数 (furniture など) を含む，様々な次元で計測できるという意味である。

じ「個」を意味することはない [16]。

一般化 4：フレキシブルに可算・不可算として使用される名詞は，不可算の形式で「個」を意味することはない。

インプットには可算名詞が圧倒的に多いことから，一般化 1 は比較的容易に学習できそうであるが，一般化 2 や 3 のような不可算名詞の不規則性を一般化するには，不可算の形式と意味の組み合わせに関して多くの事例に触れることが必要となる。さらに一般化 4 については，単一の名詞における可算・不可算の両方の使用例に十分に触れる必要がある。可算・不可算の区別を個別性という捉え方を表す文法規則として習得するには，インプットから上記のようなパターンを帰納的に導き出し，あるモノを「個」として認識しているかどうかを常に名詞の形式とリンクさせなければならないのである。

3. L1 習得研究

L1 において子供がどのように可算・不可算の区別を習得していくのかは，1950 年代頃から心理学の分野で研究されてきた [17]。多くの研究が未知語を用いて，子供がその単語の意味をどう学習するのかを調べる語拡張課題（word extension task）を使用している。例えば，赤い紙吹雪のような「物質」を，青と白の縞模様の容器のような「物体」の中で，両手を使って捏ねる「動作」を表している絵を一枚（学習用の絵），そしてそれぞれの物質，物体，動作（両手で捏ねる動き）のみが描かれた絵を各一枚ずつ（判断用の絵）を用意する。そして特定の統語形式を用いて，未知語を紹介する。例えば，学習用の絵を見せながら (4a) のように未知語 sib を可算名詞として，もしくは (4b) のように不可算名詞として使用し紹介する。その後，判断用の三枚の絵を見せ，どれが sib なのかを答えてもらうというやり方である。

(4) a.   Do you know what a *sib* is? In this picture, you can see a *sib*.

→ Show me another picture of a *sib*.

---

16   例として furniture や jewellery などが挙げられる。

17   Brown (1957) が代表的な研究として挙げられる。

b.　Do you know what *sib* is? In this picture, you can see some *sib*.
　　→ Show me another picture of some *sib*.

そうすると，可算統語で使用された未知語は物体を指し，不可算統語で使用された未知語は物質として解釈される傾向があった。このことから，子供は統語形式から単語の意味を予測し，学習していることがわかる。

　他の実験方法としては，数量判断課題（quantity judgment task）が挙げられる。例えば二つの絵を提示し，可算統語の Who has more ___s?，または不可算統語の Who has more ___? という形式を用いて，どちらがたくさんのモノを持っているかを判断させる実験である。提示する絵は，数は多いが全体量が少ないパターンと，数は少ないが全体量が多いパターンの二種類を用意し，未知語が表すモノとして物体や物質，その形状が単純か複雑かなどを含めて調査される。数を基準に判断すると未知語を物体（＝個別化）として，量を基準に判断すると物質（＝非個別化）として認識していることになる。

　Barner & Snedeker（2006）は可算・不可算の区別の習得過程を調査するため，3 歳の子供と成人を対象に，形状が単純な物体，形状が複雑な物体，非固形の物質の三種類のモノを未知語で提示し，語拡張課題と数量判断課題を行った。語拡張課題では，学習用の絵を提示した後，判断用の絵として，形は同じだが素材が異なるパターン（未知語を物体と判断）と，形は異なるが素材が同じパターン（未知語を物質と判断）の二種類が提示された。結果として，大人も子供も可算統語で紹介された未知語は，不可算統語で紹介された時よりも形を基準に判断する，つまり物体として学習することが多かった。しかし形状が複雑な物体であれば，不可算統語で紹介された場合も未知語を物体として学習することが多かった。これは，不可算統語でもモノを個別化して捉えることができるということを示している。また数量判断課題では，子供は統語形式に頼ることなく，形状が単純か複雑かに関わらず，物体であれば数で判断することが多かった。一方，大人は統語形式に頼り，不可算統語であれば物体でも量で判断する（物質として捉える）傾向が強かった。これらの結果から，習得過程として子供は，可算統語＝個別化（物体），不可算統語＝非個別化（物質）と学習した後に，不可算統語＝個別化（物体）を例外のように許容するようになるわけではないことがわかる。

　L1 英語話者の子供は統語形式と意味を学習していく過程において，圧倒的にインプットの多い可算名詞に触れることで，可算統語＝個別化という捉え方を強固にしていくと考えられる。例えば，子供は 2 歳頃には動詞の数一致（is/are）を手がかりにモノが単数か複数かを区別し，3 歳になると複数形態素（s）の有無のみで単複の区別できるようになると言われている[18]。そして，このように可算統語＝個別化の概念を獲得することが，モノの捉え方という認知に影響を与えるという研究がある。Imai & Gentner（1997）は，2 歳，2 歳半，4 歳，成人の L1 英語または L1 日本語話者に対して，物質，単純な形状の物体，複雑な形状の物体の三種類のモノを使い，語拡張課題を行なった。そして，統語として可算・不可算の手がかりがない中立の形式を使用した。例えば英語では（5a）のように，this ＋未知語を用いて学習用の絵を提示し，判断時には the ＋未知語を用いて，代替の絵として形か素材のどちらを基準に判断するかを観察した。一方，日本語はもともと統語に数量を区別する手がかりがないので，（5b）のように紹介し，指示を出した。

(5)　a.　Look at this *dax*. / Point to the tray that also have the *dax* on it.

　　　b.　これはダックスと言います。

　　　　どちらのお皿にダックスがのっていますか。

結果として，両言語話者ともに複雑な物体は形を基準にする傾向が強く，物質とは明確に区別をしており，2 歳児にもその傾向があった。言語によって違いが見られたのは，単純な形状の物体と物質においてである。単純な物体に対して，L1 英語話者は形を基準に判断する傾向が強く，2 歳からその傾向が見られた。しかし日本語では，形か素材を選ぶかはランダムであり，子供はどの年齢においてもどちらを好むという明確な傾向はなかったが，大人になると素材を選ぶ傾向が見られた。一方，物質に対しては 2 歳児を除く L1 日本語話者が素材を基準に判断しており，L1 英語話者では 2 歳児を除く全ての年齢でどちらを好むという決まった傾向は見られなかった。つまり，モノを物体か物質のどちらで解釈するかについて，2 歳ではまだ言語の影響

18　Kouider, Halberda, Wood, & Carey（2006），Wood, Kouider, & Carey（2009）

は強く出ないが，それ以降の年齢では話す言葉によって差が出てくると言える[19]。

　このような違いが生まれる要因の一つとして，言語によって何に注意を払うかが異なる点が考えられる。英語は文法規則として必ず名詞を可算もしくは不可算で表さなければならず，名詞を使用する際に個別化しているかどうかに常に注意を払うような仕組みになっている。つまり，英語の可算統語＝個別化という言語規則が，L1 英語話者が物体の解釈を好む要因となっているのである。一方で，L1 日本語話者が物質を好むという傾向は，日本語が類別詞言語であるということに関係していると考えられる。日本語では数える時にのみ類別詞によって名詞の指示対象が個別化される仕組みになっており，類別詞がなければ名詞自体は個別化という点において不特定な状態だと考えられる。そして，類別詞は対象物の形状のみならず，有生（人，動物）か無生か，大きさ（頭，匹），機能（台，機）など，様々な基準によって使用される。そのため，L1 日本語話者は名詞を使う際，その形状以外の様々な要素にも注意を向けていると考えられる。

　以上のことから，L1 英語話者は 2 歳という早い段階から数に関する文法を理解し始め，個別化という認知方法に注意を向け，4 歳には大人と同じ認知傾向を獲得するようになることがわかった。また，英語と日本語では数を表す言語形式に違いがあり，それがモノの捉え方にも影響を及ぼしている可能性にも触れた。それでは，L1 とは異なる認知様式を要する言語を L2 として学習することにどのような難しさがあるのか，具体的に見ていきたい。

4.　L2 習得研究
4.1　冠詞習得からの流れ

　L1 日本語話者による英語の可算・不可算の区別の習得については，冠詞習得研究の中で取り上げられることが多かった。学習者にとって特に難しいこととして，抽象名詞の可算性判断（difficulty, help, fear など），物質名詞に

---

[19] この言語の違いはあくまでも形（物体）・素材（物質）という意味領域で見られており，他の領域においても言語差が観察できるかは定かではない。食べ物の意味領域においては，可算・不可算の区別の有無が食べ物名詞の意味解釈に異なる影響を与える訳ではないとされている（Iwasaki, Vinson, & Vigliocco, 2010）。

対して不定冠詞 (a) を使用すること，物体名詞にゼロ冠詞 (ø) を使用することなどが挙げられる。その原因の一つは，学習者が名詞の種類によって可算か不可算のいずれかの解釈を優先させてしまい，文脈情報から名詞の可算性を判断することができないからだと指摘されてきた。その他にも，本来は可算性の判断を必要としない定冠詞 (the) の使用について，名詞の種類によってその正用率が異なり，可算単数よりも可算複数や不可算名詞に対しての方が the を正しく使えない傾向も報告されている[20]。

　冠詞を扱う研究では，文脈を提示して the, a/an, ø を選択させるという調査方法をとることが多い。この場合，文脈には可算性のみならず定性 (definiteness) に関する情報も含まれており，学習者にはその二つを判断するというタスクが課されている。そのため，誤りを犯した際，何が原因なのかが分かりづらい。例えば，a stone を選ばないといけない文脈で the stone と解答した場合，定性を間違えていることはわかるが，stone の可算性を正しく判断できているのかはわからない。また学習者のテスト方略として，可算性の判断に自信がない時に，その判断の必要がない the を使用する可能性も考えられる。可算性の習得を調べる場合，定性から切り離して，可算・不可算の区別のみを判断する調査方法を使用する必要がある。

　Snape (2008) は可算性と冠詞を切り離し，数量詞 (some, many, much, few) と名詞 (可算単数，可算複数，不可算，*不可算複数) のペアを提示し，それぞれ正しいかどうかをチェックする課題を行なった (They need some milk / many butter / much sugar. など)。この研究は中級および上級学習者を対象にしており，どの数量詞が可算・不可算名詞と共起できるかという知識 (many と few は可算名詞，much は不可算名詞，some は両方可能) を学習者が正しく使えるということを前提にしている。つまり誤りがあれば，それは名詞の可算性を誤認しているからだという分析になる。結果として，学習者は可算名詞について比較的高い正答率を見せたが，不可算名詞について誤りが多かった。つまり，不可算名詞に複数形態素をつけることを許容し (*many evidences, *some butters, *much fruits, *few sunshines)，正しい数量詞と不可算のペア (some information, some milk, much paper, much sugar など) を誤ってい

20　Snape (2008), Ogawa (2014)

ると判断してしまうのである。

　しかし，ここで気をつけないといけないのが，数量詞と名詞の「正しい」ペアというその設定は妥当なのかということである。第 2 節でも説明したように，名詞は文脈によって可算にも不可算にもなることが多い。この研究で不適格と設定された some butters や much car は，butter を個別化して認識しているなら非文法的にはならず，car を個別化せずに捉えるのであれば，much car も不適格にはならない[21]。一方，much roses は much ＋可算複数，many money は many ＋不可算，many sweet は many ＋可算単数という形式において不適格であり，適切な文脈の有無に関わらず誤りとなる。このように，数量詞と名詞のペアを提示して可算性判断を調査するのであれば，文脈に関わらず適格か不適格かを判定できる場合と，厳密には文脈を与えなければ可算性が決まらない場合があることに気をつけなければならない。この研究において，L1 英語話者は some butters が不適格と判断していたが，これはbutter が不可算に「なりやすい」という知識に基づくものであり，適切な文脈の中で使用された butters の解釈を否定するものではない。つまり，この課題によってわかることは，名詞を可算か不可算のいずれかに分類するのであればどちらが適格かという判断であり，個別性に基づいた区別を習得しているかということではない。

　名詞が可算か不可算のいずれにしかならないと学習者が誤解していることは，他の研究でも指摘されてきた。そうであれば，学習者はどのような文脈においても一貫した可算性で名詞を使用することになる。例えば，名詞だけを見て直感的に可算か不可算かと判断させる課題と，文脈内で可算性を判断させる課題を比較すると，L1 英語話者は直感的に不可算だと思った名詞でも，文脈によっては可算として使用できる。それに対して L2 学習者は，名詞だけを見て判断した可算性と，文脈内で判断した可算性が常に一致する傾向が観察されている。しかし，学習者全般に見られる傾向という訳ではなく，Ogawa (2019) では 46 人中 17 名（36%）が直感と一致した判断を文脈内で行なっていたが，直感とは異なる判断をする学習者も多数いることを指摘

21　universal packager (Bach, 1986) や universal sorter (Bunt, 1985/2009) の操作で不可算を可算に捉え，universal grinder (Pelletier, 1975) の操作で可算を不可算に捉える。これらの意味操作で，いわば強制的に可算もしくは不可算の解釈をすることが可能である (coercion)。

している。また，上級レベルになっても名詞だけを見て行った可算性判断に
頼る学習者がいることから，特に習熟度の低い学習者に見られる傾向でもな
いことも示している。可算性判断の直感がどこからくるのかについては，名
詞の意味，インプット頻度，L1 語彙の影響など，様々な要因が考えられる。
一例として，同研究では動詞由来の抽象名詞を使用して，動詞の意味素性
（状態・継続・瞬間）や派生タイプ（転換・接尾辞）が直感的な可算性判断に
影響しているのかどうかを調査しており，それらが学習者の判断に一貫した
影響を及ぼしている訳ではないという結果だった。そして，L1 での語彙意
味が影響している可能性が高いと指摘している。

4.2　個別化の観点からの L2 習得研究

　冠詞研究からの可算性習得への示唆は，可算・不可算の区別の意味特性，
つまり個別化に関するものではなく，日本人英語学習者を対象に個別化の習
得を調査した研究はまだ数が限られている。Inagaki (2014) は，中級レベル
の日本人英語学習者に対して Who has more ___ (s)？の数量判断課題を行い，
個別化の観点から可算・不可算の区別の習得を調べた。実在する具象物を用
いて，（A）物体可算名詞・物質不可算名詞・物体不可算名詞，（B）フレキシ
ブル名詞を調査した。その結果，（A）については可算・不可算の区別に関係
なく，物体（個別性のあるもの）は数で，物質（個別性のないもの）は量で判
断され，L1 英語話者，L1 日本語話者，L2 英語学習者の判断に差はなかっ
た。フレキシブル名詞については，名詞をそれぞれ可算統語・不可算統語で
提示し，L2 学習者が L1 英語話者のように統語によって数か量かの判断を使
い分けるのかを観察した。その結果，L2 学習者は統語によって判断を替え
ることはなく，L1 日本語話者と同じような判断をしていた。つまり，日本
語では統語に個別性判断の手がかりがなく，語彙意味にのみ基づき数とも量
とも解釈できる訳だが，L2 英語でもそれと同じような判断をしていたので
ある。そのことから，日本人英語学習者は L2 英語において統語と意味の
マッピングを十分に理解しておらず，それが可算性の習得を困難にしている
と示唆している。しかし，統語の影響を全く受けていないかというとそうで
もなく，フレキシブル名詞を数で判断する割合が，L1 日本語では約 48%，
L2 可算統語で約 53% であり，数か量かの判断が偶然のレベルであるという

類似した結果を示していた一方，L2 不可算統語では約 29% で，L1 英語話者が不可算統語で提示された際の判断と統計的に有意差はなかった。このことから，日本人英語学習者が不可算統語＝非個別化のつながりについて敏感になってきている可能性が考えられる。

Inagaki（2014）の調査では中級学習者を対象とし，調査に使用した名詞も数が少なかったが，調査アイテムを増やし，上級者も対象に含めた Ogawa（2011）の研究でも同様の結果を示している。すなわち，フレキシブル名詞に対して，上級学習者でも統語情報をもとに個別性を認識し，数か量かの判断をしている訳ではなかった。さらに，フレキシブル名詞の「どっちつかず」の結果について学習者個人レベルで解答を分析し，調査した 24 語のうち，数による判断が 0–34% の場合は量を好み，34–66% の場合は好みなし，66% 以上の場合は数を好むとし，学習者の傾向を調べた。その結果，L1 日本語では好みなしが 44%，数もしくは量を好むがそれぞれ 28% であり，特定の好みを持たない話者が多いことがわかった。L2 学習者の場合，可算統語では L1 日本語と同様の結果で好みなしの学習者が一番多く，どの習熟度レベルでもおおよそ半数の割合を占めていた。しかし不可算統語では，初級学習者は L1 日本語のように好みなしの割合が一番多いが，中級や上級になると量を好む学習者の割合が増加し，多数派となっていた（中級で 63%，上級で 50%）。したがって，学習者は習熟度が上がると不可算統語＝非個別化のつながりに敏感になることを示している。しかし，体系的に統語と意味のマッピングに関する知識を習得しているかというとおそらくそうではない。英語において習得しなければならない知識は可算統語＝個別化であり，その判断はフレキシブル名詞において傾向が見られず，上級になっても習得されていなかった。その要因として，名詞の語彙意味は L1 を介して解釈される傾向が根強いことが考えられ，統語と意味の関係性に学習者が自ら気がつくことが難しいからであると推測される。

次に，L2 学習が認知に与える影響について考えてみる。形状が単純なモノを見た際，L1 英語話者は形に，L1 日本語話者は素材に注目しやすいという認知傾向について，Athanasopoulos & Kasai（2008）は L1 日本語話者が英語を学習した場合，上級レベルになると L1 英語話者のように形を選択する傾向にあると報告している。そしてその要因として，複数形態素–s を正し

く口頭産出できる能力が形を選択する傾向と弱い相関関係にあり，認知傾向がシフトすることを促していると述べている。しかし Ogawa（2011）の研究では，上級学習者でもフレキシブル名詞に対して–s の有無で個別化の解釈を使い分ける傾向は見られなかった。したがって上級レベルの学習者は，複数形態素の口頭産出能力により非言語における認知傾向は変わり始めるが，複数形態素によってフレキシブルに名詞の解釈を使い分けるには至っていないということになる。両研究の大きな違いは，名詞や実在物という既に獲得した知識について問うものかどうかである。Athanasopoulos & Kasai では実験用に作成した非実在物に対して，「これと同じのはどちらですか」と尋ね，形か色のどちらを基準に同じと判断するかを調べたが，Ogawa は実在物を使用し，Who has more ＿＿（s）？の文中で名詞も提示して，数か量のどちらを基準にするかを調べた。つまり，実在するモノや名詞を対象にした場合，その意味の理解は L1 の影響を強く受けると推測される。

　二つの研究結果をまとめると，上級レベルの日本人英語学習者は可算複数名詞に–s をつけることはできるが，単一の名詞に対して–s の有無での個別性の解釈を使い分けることは習得していないということになる。認知傾向に影響を与えるのは，あくまでも「個」として捉えたものが複数あると認識した場合に複数形態素をつけるという能力であり，モノを「個」として捉えるか否かを名詞の可算性によって使い分ける能力ではない。つまり，可算だと認識したものに対して単数と複数を使い分ける能力と，モノの個別性を可算か不可算かで使い分ける能力は分けて考えなければならないのである[22]。そして，可算だと認識したモノの数を明記するように習慣づけることが認知傾向に影響を及ぼしたのだとしても，何を可算とみなすかはあくまでも L1 での解釈に基づいているのだと考えられる。

　同じ複数形態素–s の使用であるにもかかわらず，数を明記する際には使用できて，可算性の区別には使用できなかった点については，いくつか原因が考えられる。まず，日本語にも複数形態素「たち・ら」（あなた達，彼ら）があり複数を示すが，可算・不可算を区別する役割はない。人への使用に限

22　Rothstein（2010）でも，個別化という概念装置と，「個」を直接数えることを可能にする文法メカニズムは別物であると述べている。

られており，義務的でもないが，類似する機能を持つ言語形式が L1 に存在
することが習得を容易にしているのかもしれない。また，産出と理解の違い
から考察すると，自分の認識したモノを言語に表出する際，上級レベルの学
習者は L2 の文法に則った形式で産出できるが，モノを理解する際は L1 を
介した言語外の情報に頼ることが多く，言語 (L2) からの情報を全て処理し
ている訳ではないとも考えられる。

　L2 習得過程としては，単数と複数を区別し言語形式として表記すること
から，モノの形すなわち「個」の単位に注目するという意識が芽生え，その
後可算・不可算の区別と個別化を結びつけるようになるのかもしれない。L1
習得においても，何を「個」の単位として認識し数えるのかについて，子供
は 7 歳頃まで大人とは異なる単位で数えることが報告されている。例えば，
何を two shoes として数えるのかについて，1 つの靴をつま先部と踵部に分か
れるよう 2 つに分断したものを，子供は two shoes と許容することがわかっ
ている [23]。そしてその誤りは，何を「個」とみなすのかという語彙概念の不完
全な習得に起因するのではなく，即時的に使用できる語彙 (a piece of ~, part
of ~ など) の少なさや語用論的情報 (言葉の含意 [24] など) をうまく利用できな
いことに関係している可能性が示唆されている。実際の言語使用の場面にお
いて言葉が何を意味しているのかは，語彙概念だけでなく，その他の代替表
現や語用論的情報を考慮に入れてこそ明確になる。子供は名詞を習得する
際，異なるモノを区別するラベルとして学習するだけでなく，インプットに
含まれる様々な情報をヒントに，何がその名詞の一種として数える単位，つ
まり個別化できる単位なのかという知識も一緒に学習すると考えられる。そ
の学習には，L1 でも 7 歳頃までかかるのであれば，L2 学習においてもそう
簡単にできるようになるものではないのかもしれない。また，L1 の場合はイ
ンプットをヒントに一から「個」の単位について学習していくわけだが，L2
の場合は何をどのように数えるかという知識はすでに L1 を元に形成されて
いる。日本語と英語のように数表現を異なる文法体系で表す言語を学習する

23　Srinivasan, Chestnut, Li, & Barner (2013), Srinivasan, & Barner (2020)

24　I ate some cookies は，all cookies を食べた訳ではないことを含意しているように，ある
　状況である言語形式が使われる，もしくは使われないことが何を含意しているのかという
　知識を指す。

場合，L2 学習者は L1 の知識を抑制して，L2 の知識を新しく学習し直さなければならない。個別化の観点での可算・不可算の区別が L2 において習得可能かどうかについては，今後さらに研究を進める必要がある[25]。

5. おわりに

　本章では，可算・不可算の区別をモノの捉え方を表す文法として個別化の観点から説明した。そして，モノを個別化して認識する方法として，決まった形があるかどうか，他と分けて認識するかどうかの二つの基準を提示した。名詞がどのような状況や文脈で可算もしくは不可算になるかについては，文法書などで様々な例が挙げられているが，それらの例は全て個別化を軸に考えれば理解しやすくなるだろう[26]。英語を学習する上で重要なのは，「可算名詞＝個別性のあるもの」として認識することである。まずは，インプットの中で可算・不可算の形式と個別性の有無をしっかり認識し，統語と意味のマッピングに意識を向けることから始めなければならない。例えば，(6) の文を見て (6b) の違和感に気づかなければならない。

(6)　a.　There is too much apple in this salad.

　　　b.　There are too many apples in this salad.

両方の文を「このサラダにはリンゴが多すぎる」と等しく解釈する学習者は，この「リンゴ」について可算か不可算かという統語をもとに意味を解釈するのではなく，サラダに入っているリンゴ，つまり細かく刻んだリンゴだろう，と語用論的情報からその形状を解釈し，(6a) と (6b) で同じサラダを思い描いていないだろうか。リンゴの「個」としての単位を意識し，可算名詞としての apples をきちんと解釈していれば，(6b) ではリンゴが丸ごと何

25　中国語・韓国語話者を対象にした研究 (Choi, Zhu, & Ionin, 2019, MacDonald & Carroll, 2018, Yin & O'Brian, 2018) や，可算性の概念と関連する境界性と完了性 (telicity) の関連を調べた研究もある (Kaku, Liceras, & Kazanina, 2008)。

26　多くの文法書が可算・不可算の区別を名詞の種類の転用として説明している。例えば，可算である普通名詞が抽象名詞として不可算になる (Things are getting out of *hand*.)，不可算である抽象名詞が普通名詞として可算になる (The party was a *success*.) という類の説明も，個別化の概念で理解が可能である。

玉か複数入っているサラダを思い浮かべ，違和感を覚えるはずである。このように，単なる名詞でも統語と意味に注意して解釈していくことで，今まで意識してこなかった意味の使い分けもできるようになる。その意識の積み重ねで，I like apples. だけでなく，学校文法では間違っているとされる I like apple. という文でさえ，適切な文脈で正しく使える日が来るだろう。

【外国語教育に関わる人が知っておくべきポイント】

・ 可算・不可算の区別は，モノの特徴による区別ではなく，どう捉えるかの区別である。
・ 英語の可算性を「数えられるか否か」で教えてしまうと，L1 である日本語の感覚で数えることになってしまう。あくまでも，英語の可算・不可算の区別が何を表しているのかを教えることが重要である。
・ 名詞は可算か不可算のどちらかにしかならないのではなく，可算か不可算のどちらに「なりやすい」という度合いが異なる。
・ 個別化の概念を指導することによって，すぐに可算性の区別が正しく判断できるようになるわけではない。言語形式と意味のマッピングに注意を向けるように促し，様々な解釈の違いを知ることから始めるといい。

【執筆者から読者へのメッセージ】

　可算か不可算かという一見単純な区別によって様々な意味が表され，言語外のモノの捉え方にまで影響する可能性があることを知り，言語の面白さを改めて実感しました。この分野の L2 習得研究は，まだまだ明らかになっていないことがたくさんあります。一人でも多くの人が興味を持ち，調査してみようと思っていただけると幸いです。

参照文献

Athanasopoulos, P., & Kasai, C. (2008). Language and thought in bilinguals: The case of grammatical number and nonverbal classification preferences. *Applied Psycholinguistics, 29*(1), 105–123. https://doi.org/10.1017/S0142716408080053

Bach, E. (1986). The algebra of events. *Linguistics and Philosophy, 9*(1), 5–16. https://doi.org/10.1007/BF00627432

Barner, D., & Snedeker, J. (2006). Children's early understanding of mass-count syntax:

Individuation, lexical content, and the number asymmetry hypothesis. *Language Learning and Development, 2*(3), 163–194. https://doi.org/10.1207/s15473341lld0203_2

Bloom, P. (1990). *Semantic structure and language development* [Doctoral dissertation, Massachusetts Institute of Technology].

Brown, R. W. (1957). Linguistic determinism and the part of speech. *The Journal of Abnormal and Social Psychology, 55*(1), 1–5. https://doi.org/10.1037/h0041199

Bunt, H. C. (2009). *Mass terms and model-theoretic semantics*. Cambridge University Press. (Original work published 1985)

Choi, S. H., Zhu, Y., & Ionin, T. (2019). Interpretation of count and mass NPs by L2-learners from generalized classifier L1s. In T. Ionin & M. Rispoli (Eds.), *Three streams of generative language acquisition research: Selected papers from the 7th meeting of generative approaches to language acquisition* (pp. 253–269). John Benjamins Publishing.

Croft, W., & Cruse, D. A. (2004). *Cognitive linguistics*. Cambridge University Press.

Imai, M., & Gentner, D. (1997). A cross-linguistic study of early word meaning: Universal ontology and linguistic influence. *Cognition, 62*(2), 169–200. https://doi.org/10.1016/S0010-0277(96)00784-6

Inagaki, S. (2014). Syntax–semantics mappings as a source of difficulty in Japanese speakers' acquisition of the mass–count distinction in English. *Bilingualism: Language and Cognition, 17*(3), 464–477. https://doi.org/10.1017/S1366728913000540

Iwasaki, N., Vinson, D. P., & Vigliocco, G. (2010). Does the grammatical count/mass distinction affect semantic representations? Evidence from experiments in English and Japanese. *Language and Cognitive Processes, 25*(2), 189–223. https://doi.org/10.1080/01690960902978517

Jackendoff, R. (1991). Parts and boundaries. *Cognition, 41*(1–3), 9–45. https://doi.org/10.1016/0010-0277(91)90031-X

Joosten, F. (2010). Collective nouns, aggregate nouns, and superordinates: When 'part of' and 'kind of' meet. *Lingvisticæ Investigationes, 33*(1), 25–49. https://doi.org/10.1075/li.33.1.03joo

Kaku, K., Liceras, J. M., & Kazanina, N. (2008). Progressing beyond the neutral perfective: Acquisition of English aspect by native speakers of Japanese. In R. Slabakova, J. Rothman, P. Kempchinsky, & E. Gavruseva (Eds.), *Proceedings of the 9th generative approaches to second language acquisition conference* (pp. 90–102). Cascadilla Proceedings Project.

Kouider, S., Halberda, J., Wood, J., & Carey, S. (2006). Acquisition of English number marking: The singular-plural distinction. *Language Learning and Development, 2*(1), 1–25. https://doi.org/10.1207/s15473341lld0201_1

Kulkarni, R., Rothstein, S., & Treves, A. (2013). A statistical investigation into the cross-linguistic distribution of mass and count nouns: Morphosyntactic and semantic perspectives. *Biolinguistics*, *7*, 132–168. https://doi.org/10.5964/bioling.8959

Kulkarni, R., Rothstein, S., & Treves, A. (2016). A neural network perspective on the syntactic-semantic association between mass and count nouns. *Journal of Advances in Linguistics*, *6*(2), 964–976. https://doi.org/10.24297/jal.v6i2.5176

Langacker, R. W. (2008). *Cognitive grammar: A basic introduction*. Oxford University Press.

MacDonald, D., & Carroll, S. E. (2018). Second-language processing of English mass-count nouns by native-speakers of Korean. *Glossa: A Journal of General Linguistics*, *3*(1): 46, 1–27. https://doi.org/10.5334/gjgl.363

Ogawa, M. (2011). The dissociation of individuation and plural markers in L2 quantity judgment. *Newcastle Working Papers in Linguistics, 17*, 154–172.

Ogawa, M. (2014). *The role of the mass-count distinction in the acquisition of English articles by speakers of an article-less first language* [Doctoral dissertation, University of Essex].

Ogawa, M. (2019). The count-mass distinction and English articles. *Second Language, 18*, 47–69. https://doi.org/10.11431/secondlanguage.18.0_47

Pelletier, F. J. (1975). Non-singular reference: some preliminaries. *Philosophia, 5*(4), 451–465. https://doi.org/10.1007/978-1-4020-4110-5_1

Radden, G., & Dirven, R. (2007). *Cognitive English grammar*. John Benjamins Publishing.

Rothstein, S. (2010). Counting and the mass/count distinction. *Journal of Semantics, 27*(3), 343–397. https://doi.org/10.1093/jos/ffq007

Snape, N. (2008). Resetting the nominal mapping parameter in L2 English: Definite article use and the count–mass distinction. *Bilingualism: Language and Cognition, 11*(1), 63–79. https://doi.org/10.1017/S1366728907003215

Srinivasan, M., & Barner, D. (2020). Lexical, syntactic, and pragmatic sources of countability. In F. Moltmann (Ed.), *Mass and count in linguistics, philosophy, and cognitive science* (pp. 159–190). John Benjamins Publishing.

Srinivasan, M., Chestnut, E., Li, P., & Barner, D. (2013). Sortal concepts and pragmatic inference in children's early quantification of objects. *Cognitive Psychology, 66*(3), 302–326. https://doi.org/10.1016/j.cogpsych.2013.01.003

Taler, V., & Jarema, G. (2007). Lexical access in younger and older adults: The case of the mass/count distinction. *Canadian Journal of Experimental Psychology/Revue canadienne de psychologie expérimentale, 61*(1), 21–34. https://doi.org/10.1037/cjep2007003

Talmy, L. (2000). *Toward a cognitive semantics: Vol. I. Concept structuring systems*. The MIT Press.

Wierzbicka, A. (1985). Oats and wheat: The fallacy of arbitrariness. In J. Haiman (Ed.), *Iconicity in syntax* (pp. 311–342). John Benjamins Publishing.

Wood, J. N., Kouider, S., & Carey, S. (2009). Acquisition of singular-plural morphology. *Developmental Psychology, 45*(1), 202–206. https://doi.org/10.1037/a0014432

Yin, B., & O'Brien, B. (2018). Mass-count distinction in Chinese-English bilingual students. *Glossa: A Journal of General Linguistics*, *3*(1): 23, 1–22. https://doi.org/10.5334/gjgl.382

4

3 単現 -s の習得

―人称素性と数素性の影響―

須田孝司

1. はじめに

　日本人英語学習者 (JLE) にとってなかなか身につかない文法規則の 1 つに 3 単現 -s がある。文の時制が現在であり，主語名詞句が 3 人称単数の場合，動詞に屈折形態素として -s/es がつくという主語と動詞の一致に関わる規則である [1]。本章では，生成文法理論をもとに 3 単現 -s が作り出される過程を説明した上で，中学生と大学生を対象に行った文法性判断実験を紹介する。そして，JLE が 3 単現 -s の過剰使用 (1a) や脱落 (1b) のある英文の文法性を判断する際，どのような要素が影響を与えているか議論する [2]。

(1)　a.　＜ -s の過剰使用＞　　　*Children plays video games every day.
　　　b.　＜ -s の脱落＞　　　　　*The boy play soccer after school.

2. 3 単現 -s の仕組みと日本語の派生
2.1　名詞句の数と人称の素性

　生成文法理論では，主語と動詞の一致には主語名詞句の人称と数の形式素性が重要であり，3 単現 -s は文を作り出す過程で動詞に与えられた人称と数の形式素性が表出したものであると考えている [3]。形式素性とは文を作るため

1　形態素などの用語については白畑・冨田・村野井・若林 (2019) などを参照のこと。
2　* はその文が非文法的であるということを示している。これ以降も同様である。
3　形式素性については Radford (2016) などを参照のこと。

に利用される統語情報であり，音韻素性や意味素性とともに語彙項目に内包されている。例えば book には，/buk/ という音韻素性と，「印刷され，冊子になった書物」という意味素性がある。また book の形式素性としては，名詞（Noun：N），人称素性として 3 人称 [3-Pers]，数素性（Number: Num）がある。品詞と人称素性は，その語があらかじめ持っている形式素性であるが，数素性は，冠詞や数詞などの決定詞（Determiner: D）と名詞が併合することにより決定詞句（Determiner Phrase: DP）に与えられる。

(2) a. [$_{DP}$ [$_D$ a$_{[Sg\text{-}Num]}$][$_N$ book$_{[3\text{-}Pers][Sg\text{-}Num]}$]] ⇒ [$_{DP[Sg\text{-}Num]}$ **a book**]

b. [$_{DP}$ [$_D$ ø$_{[Pl\text{-}Num]}$][$_N$ book$_{[3\text{-}Pers][Pl\text{-}Num]}$]] ⇒ [$_{DP[Pl\text{-}Num]}$ **books**]

　(2a) では，単数の数素性 [Sg-Num] を持つ a と book が併合し，DP として単数の数素性を持つ a book が作られ，(2b) では，複数の数素性 [Pl-Num] を持つ空の決定詞 ø と book が併合し，books が作り出されている [4]。

　数素性は選択的素性であり，語尾に形態素 -s がつく (2b) のような形態的複数以外に，2 つの名詞句が等位接続詞 and で結ばれ，等位接続名詞句として複数の数素性を持つ統語的複数 (3a) や，複数の数素性を持っているにもかかわらず -s を必要としない語彙的複数 (3b) がある [5]。

(3) a. [$_{DP}$ a boy$_{[Sg\text{-}Num]}$ and a girl$_{[Sg\text{-}Num]}$] ⇒ [$_{DP[Pl\text{-}Num]}$ **a boy and a girl**]

b. [$_{DP}$ [$_D$ ø$_{[Pl\text{-}Num]}$][$_N$ people$_{[Pl\text{-}Num]}$]] ⇒ [$_{DP[Pl\text{-}Num]}$ **people**]

c. [$_{DP}$ [$_D$ a$_{[Sg\text{-}Num]}$][$_N$ people$_{[Pl\text{-}Num]}$]] ⇒ *[$_{DP[Pl\text{-}Num]}$ **a people**]

　people などの語彙的複数は，名詞が複数の数素性を持っているため，(3c) のように D に単数を示す a が置かれた DP は誤りとなる [6]。

4　ここでは本章の議論に関係のある形式素性のみ扱っている。より細かい DP の説明については，若林・穂苅・秋本・木村 (2018) などを参照のこと。これ以降の説明も同様である。

5　通常 A and B は等位接続詞句と分析される (Kayne, 1994) が，Chomsky (2013) のラベルづけ計算法にもとづくと and で結ばれた句は DP となる。ここでは後者の提案を採用し，A and B の構造を等位接続名詞句と呼ぶことにする (三輪, 2015)。

6　people は「1 つの民族」のように可算名詞として使う場合もあるが，ここでは「人々」という意味で使われており，その場合 (3c) の a people は非文法的となる。

　　主語名詞句の人称素性には，話している本人を示す 1 人称 [1-Pers]，話を
聞いている相手を示す 2 人称 [2-Pers]，1 人称でも 2 人称でもない第三者を
示す 3 人称がある。また，人称素性は語彙にあらかじめ与えられるものだけ
ではなく，(4a) の等位接続名詞句のように DP に新たに与えられるものもあ
る。また，1 人称や 2 人称の人称代名詞が使われる (4b) や (4c) の場合は，
人称代名詞の人称素性が DP に引き継がれる。

(4) a.　$[_{DP}$ a boy$_{[3\text{-Pers}]}$ and a girl$_{[3\text{-Pers}]}]$　⇒　$[_{DP[3\text{-Pers}]}$ **a boy and a girl]**

　　 b.　$[_{DP}$ Tom$_{[3\text{-Pers}]}$ and I$_{[1\text{-Pers}]}]$　　　⇒　$[_{DP[1\text{-Pers}]}$ **Tom and I]**

　　 c.　$[_{DP}$ students$_{[3\text{-Pers}]}$ and you$_{[2\text{-Pers}]}]$　⇒　$[_{DP[2\text{-Pers}]}$ **students and you]**

2.2　主語と動詞の一致

　　生成文法理論では，3 単現 -s には主語と動詞の一致操作が関連していると
考えている[7]。一致操作とは，値を持たない形式素性に値を与える操作であ
り，3 単現 -s が正しく扱えるようになるためには，文の時制を現在（Present:
Pres）と認識することに加え，主語名詞句の人称と数の形式素性を正確に把
握し，同じ値を持つ素性を動詞に与える必要がある。ここでは (5a) の他動
詞文を例に，構造の発達と一致操作について説明する。

(5) a.　Tom plays tennis.

　　 b.　$[_{VP}$ Tom$_{[3\text{-Pers}][Sg\text{-Num}][\_\text{-Case}]}[_{V'}$ play tennis]]

　　 c.　$[_{TP}$ T$_{[T: Pres][\_\text{-Pers}][\_\text{-Num}]}[_{VP}$ Tom$_{[3\text{-Pers}][Sg\text{-Num}][\_\text{-Case}]}[_{V'}$ play tennis]]

　　 d.　$[_{TP}$ Tom$_{[3\text{-Pers}][Sg\text{-Num}][Nom\text{-Case}]}[_{T'}$ T$_{[EPP][T: Pres][3\text{-Pers}][Sg\text{-Num}]}[_{VP}$ ~~Tom~~ $[_{V'}$ play ...

　　 e.　$[_{TP}$ Tom $[_{T'}$ T $[_{VP}$ ~~Tom~~ $[_{V'}$ **play-s**$_{[T: Pres][3\text{-Pers}][Sg\text{-Num}]}$ tennis]]]]

　　一致操作が行われる前の構造は (5b) の動詞句（Verb Phrase：VP）であり，
動詞の左側にある VP の指定部には，値の決まっていない格 [_ -Case] を持

7　Chomsky (2001) をもとにしているが，ここでは簡略化して説明する。

つ 3 人称単数の Tom が置かれている[8]。次の (5c) の段階では，文法機能を担う時制辞（Tense：T）が構造に組み込まれる。T には，現在などの時制素性だけでなく，値の決まっていない人称素性と数素性がある。さらに定形節の T は，その指定部に名詞句を要求する拡大投射原理（Extended Projection Principle：EPP）素性を持つため，Tom は (5d) のように素性とともに T の左側にある指定部に移動する[9]。この Tom の移動により Tom と T の間で一致操作が適用され，値の決まっていない T の人称素性と数素性には Tom から [3-Pers] と [Sg-Num] が与えられる。一方，Tom には主格素性 [Nom-Case] が与えられる。

この段階で，3 単現 -s と関連のある時制・人称・数の 3 つの素性が T に集まるが，それらは屈折要素であるため，T にとどまることができない。そこで，その 3 つの素性は (5e) のように play と結びつき，3 単現（[T: Pres][3-Pers][Sg-Num]）の形態素 -s が表出する[10]。

このように 3 単現 -s は，主語名詞句と T の間で一致操作が行われ，その T の時制・人称・数の素性が動詞に与えられることにより生じる。

2.3 日本語の派生

日本語には，英語のような主語と動詞の一致はなく，主語名詞句の人称や数にかかわらず，(6) のように動詞の形は変化しない[11]。

(6) a. ＜1 人称＞ **私が**テニスを<u>する</u>。
    b. ＜3 人称＞ **トムが**テニスを<u>する</u>。
    c. ＜複数＞ **子供たちが**テニスを<u>する</u>。

---

8 すべての名詞句は格素性を持つ（Chomsky, 1981）が，ここでは目的語の格付与についての説明は省略する。指定部等の構造については，Radford (2016) や三原・平岩 (2006) などを参照のこと。
9 定形節とは，現在や過去といった時制が明示される節のことである。また拡大投射原理については Radford (2016) などを参照のこと。
10 若林 他 (2018)
11 Saito (2016)（しかし，主語と動詞の間には敬語の一致があるという提案もある (Hasegawa, 2006; Niinuma, 2003, Toribio, 1990)）。

ここでは (6b) を使い，日本語の構造を説明する。

(7)　a.　$[_{TP} [_{VP}$ トム **[3-Pers][_ -Case]** $[_{V'}$ テニスをする $]]$ T**[EPP][T: Pres]**
　　b.　$[_{TP}$ トムが **[3-Pers][Nom-Case]** $[_{VP}$ ~~トム~~ $[_{V'}$ テニスをする $]]$ T**[EPP][T: Pres]**

日本語の主要部は英語と位置が異なるため，時制辞 T は (7a) のように
VP の右側に置かれる。「トム」は，英語と同様動詞の左側にある指定部に
置かれ，名詞句にもともと備わっている 3 人称の素性と値の決まっていない
格素性を持つ。T には，現在素性 [Pres] と主語位置へ名詞句の移動を要求す
る素性 [EPP] があるが，主語と動詞の一致と関係のある人称素性と数素性は
ない。VP の指定部にある「トム」は，[EPP] の要求により (7b) のように T
の指定部に移動し，一致操作により値の決まっていない格素性に主格 [Nom-
Case] が与えられ，主格の格助詞「が」が現れる [12]。

英語では，3 人称・単数・現在の形式素性が動詞に与えられることにより
3 単現 -s が作り出されるが，日本語では人称素性と数素性は動詞に示されな
い。したがって，JLE が英語の 3 単現 -s を適切に扱うことができるように
なるためには，その 2 つの素性が習得されなければならない。

3.　これまでの 3 単現 -s の習得研究
3.1　3 単現 -s の脱落

3 単現 -s に関する誤りは，-s を不必要につける過剰使用より必要な文脈で
-s がつけられない脱落の誤りが多い [13]。その誤りは，主語と動詞の一致のな
い母語を持つ JLE 特有の誤りではなく，母語に主語と動詞の一致のある英
語学習者においても見られる。例えば，トルコ語では，英語と同様，主語の
人称と数により動詞の形が変化するが，トルコ語を母語とする子どもが英語
を話す際にも 3 単現 -s の脱落が見られる [14]。さらに，長い間英語圏の国に住
んでいる習熟度の高いトルコ人英語学習者であっても，発話において 20％

12　格付与については三原・平岩 (2006) などを参照のこと。

13　坂内・佐々木 (2004)，若林・山崎 (2006) など

14　Haznedar (2001)

以上の割合で 3 単現 -s を脱落させることが観察されている[15]。また，ロシア語も英語のように動詞の形が変化するが，ロシア語を母語とする子どもも，3 単現 -s が必要な文脈の 78% で脱落させることが報告されている[16]。

このように 3 単現 -s は，英語学習者にとって適切に作り出すことが難しい文法項目である。しかし，上述した研究では学習者の発話データだけを扱っているため，学習者が発話の際に -s をつけ忘れただけではないか，という疑問も生じ得る。そこで，JLE にとって 3 単現 -s が特に困難であることを検証した Yamazaki (2015) の研究をごく簡単に紹介する。

英語では 3 単現 -s だけでなく，名詞の複数形や所有を示す場合にも -s がつけられる。もし JLE にとって -s の産出が難しいのであれば，3 単現 -s だけではなく，複数の -s や所有の 's を産出する際にも困難があると考えられる。Yamazaki (2015) は日本人の大学生を対象に口頭翻訳実験を行い，JLE の -s の産出について調査を行った。実験の結果，複数では 73.6%，所有の 's については 98.6% の割合で正しく -s をつけることができたが，3 単現 -s の場合は必要な場面の 41.3% しか -s をつけることができなかったことを明らかにしている。つまり，JLE はすべての -s に問題があるのではなく，3 単現 -s をつけることが特に困難であると考えられる。

3.2 人称素性と数素性

ここでは，JLE を対象として 3 単現 -s に必要な人称素性と数素性の習得を議論している研究を紹介する。

Wakabayashi (1997) は，イギリス留学中の中級レベルの JLE（29 名）と上級レベルの JLE（15 名）の英文の読み時間（Reading time：RT）を測り，JLE が 3 単現 -s の文法性に敏感かどうか検証を行った。実験では，モニター画面に一語ずつ提示される単語を読む移動窓式自己ペース読文法を用い，画面が提示されている時間を RT として計測した。人が文を読む際，文法的，または意味的に違和感を感じると，通常その個所の RT が長くなる。RT の実験では，(8) のような 3 単現 -s の脱落がある play を見ている時間が長くな

---

15 White (2003)
16 Ionin & Wexler (2002)

れば，その参加者は -s の脱落（非文法性）に気づいていると分析する。

(8)　* Tom always play_ tennis with Mary in the park.

　実験では，(9) のような 4 タイプの正文と非文を JLE に示した[17]。

(9)　a.　タイプ 1（2 人称：過剰使用）
　　　　　I hear that *you* go/*goes to the...
　　　b.　タイプ 2（3 人称複数（A and B）：過剰使用）
　　　　　I think that *Tom and Susan* like/*likes to...
　　　c.　タイプ 3（3 人称複数（複数名詞）：過剰使用）
　　　　　The teacher thinks that *the students* like/*likes discussion...
　　　d.　タイプ 4（3 人称単数：脱落）
　　　　　I hear that *Tom* goes/*go_ to the...

　実験の結果，中級レベルの学習者は，2 人称が使われているタイプ 1 の英文については正しく文法性を判断できるが，3 人称の英文の文法性は適切に判断できないこと，上級レベルの学習者は，2 人称と 3 人称複数の英文については正しく文法性を判断することができるが，タイプ 4 の 3 人称単数の英文では，3 単現 -s の脱落があっても非文と判断しないことがわかった。

　2 つ目は，事象関連電位（event related potential：ERP）を使い，JLE が英文を読んでいる際の脳内の活動を調査した研究である[18]。言語刺激に対して観察される ERP としては，文中に文法的な誤りがあると，その誤りのある箇所を読んだ時から約 600 ミリ秒後に正の電位（P600）が発生することが知られている。この研究では，9 人の日本人大学生に (10) のような英文を提示し，3 単現 -s の誤りに対して P600 が出現するかどうか検証を行った。

17　誤りのある単語の次やその次の単語（tennis や with）の RT が, spillover effect（波及効果）により長くなる場合もある。波及効果が見られた場合も，実験参加者はその誤りに気づいていると解釈される。

18　若林・福田・坂内・浅岡（2007）

(10) a. タイプ1（3人称複数（複数名詞）：過剰使用）

The teachers answer/*<u>answers</u> our questions.

b. タイプ2（3人称複数（A and B）：過剰使用）

Sam and Adam answer/*<u>answers</u> our questions.

c. タイプ3（1人称：過剰使用）

I answer/*<u>answers</u> your letter.

d. タイプ4（3人称単数：脱落）

My mother answers/*answer＿ your question.

　実験の結果，タイプ3の1人称が使われている非文（3単現 -s の過剰使用）にのみ，P600が観察された。

　この実験のJLEも，Wakabayashi（1997）の中級レベルの学習者と同じく，IやYouといった人称代名詞が使われている英文の文法性は正しく判断できるが，3人称の英文に対して適切に文法性を判断できず，正文と非文の判断に差がないことが明らかになった。つまり，JLEは，3人称の英文では3単現 -s の誤りを正確に判断できないと考えられる。

　1人称と2人称の人称代名詞が主語の場合，表1のように単数でも複数でも3単現 -s は不要である。しかし，主語名詞句が3人称の場合は数素性の影響があり，単数の場合だけ3単現 -s が必要となる。

表1　人称素性・数素性・-s の有無の関係

人称素性	数素性	-s の有無
1人称	単数	-s 不要
	複数	
2人称	単数	-s 不要
	複数	
3人称	単数	**-s 必要**
	複数	-s 不要

　上記の2つの実験は1人称と2人称の人称代名詞を使っていたため，その人称素性の情報さえ扱うことができれば，3単現 -s のある英文の非文法性を適切に判断することができる。中級レベルのJLEが1人称や2人称の英文

の文法性に対して敏感であったという実験結果は，彼らが人称の情報を利用
しているという主張の根拠になる。一方，3 人称の主語名詞句の場合は，数
素性により動詞に 3 単現 -s がつく場合とつかない場合がある。ここで紹介
した研究では，JLE が 3 人称の英文の文法性を適切に判断できないことから，
JLE は，主語名詞句の数素性の扱いに問題があると考えられる。

3.3　数素性の影響

　Shibuya & Wakabayashi（2008）では，（11）のような英文の RT を比較し，
主語名詞句に与えられる数素性の影響を調査した。

(11) a.　　タイプ 1（2 人称：過剰使用）

　　　　　You eat/*eats a good meal...

　　b.　　タイプ 2（3 人称複数（統語的複数）：過剰使用）

　　　　　Tim and Paul bake/bakes an apple pie...

　　c.　　タイプ 3（3 人称複数（形態的複数）：過剰使用）

　　　　　The chefs cook/*cooks the shrimp...

　　d.　　タイプ 4（3 人称複数（指示詞 + 数詞 + 形態的複数）：過剰使用）

　　　　　These two secretaries get/*gets a cup of coffee...

　　e.　　タイプ 5（3 人称単数：脱落）

　　　　　The child speaks/*speak__ a lot of English...

　実験では，これまでの研究で使われていた 4 タイプ（2 人称の人称代名詞，
3 人称単数，統語的複数，形態的複数）の英文に，複数が明らかになるよう
に指示詞と数詞のついた形態的複数の英文（タイプ 4）を新たに加え，20 人
の日本人大学生の RT を分析した。実験の結果，タイプ 1/2/4 では非文の RT
が長くなったが，タイプ 3/5 では正文と非文の RT には差がないことが明ら
かになった。

　その結果をもとに，Shibuya & Wakabayashi（2008）では，JLE は，A and B
のような等位接続名詞句や数詞により複数の要素が明示される名詞句には複
数の数素性を与え，3 単現 -s の判断を適切に行うことができるが，形態変化
のない名詞句や複数の形態素 -s をつけただけの名詞句では，3 単現 -s の必

要性を正確に判断することができないと提案している。

4.　研究課題

　本研究では，これまでの先行研究の成果を踏まえ，以下に示す 3 つの課題について調査を行う。

　まず 1 つ目は，人称素性の扱いに関するものである。先行研究では，JLE は主語名詞句の人称素性を利用し，3 単現 -s が使われた英文の文法性を判断していると提案されているが，人称素性には等位接続名詞句のように派生の過程で与えられるものもある。本研究では，1 人称の人称代名詞を使った等位接続名詞句と 3 人称の等位接続名詞句を使い，JLE が派生の過程で等位接続名詞句へ人称素性を適切に与え，3 単現 -s の文法性を判断することができるか検証する。

　2 つ目は，数素性に関するものである。JLE は，等位接続名詞句が持つ統語的複数の英文については適切に文法性を判断することができるが，名詞句の形態変化には敏感ではないため，主語名詞句の複数の形態素 -s の有無は英文の文法性の判断に影響しないことが指摘されている。もしこの指摘が正しければ，複数の形態素 -s がつけられた形態的複数や，people のように -s のない語彙的複数が主語名詞句の場合，JLE はその主語名詞句を複数と判断できず，3 単現 -s のある英文を誤って正しいと判断することが予測される。本研究では，複数の数素性を持つ 3 種類の主語名詞句の文法性判断の差について議論する。

　3 つ目は，習熟度の問題である。これまでの多くの研究では，英語を 6 年以上学習している大学生を対象として実験が行われている。本研究では，ごく初期段階の英語学習者である中学生からデータを集め，中学生と大学生が人称素性や数素性をそれぞれどのように扱い，英文の文法性を判断しているのか比較する。

5.　実験

5.1　実験参加者

　本研究では，日本の大学に在籍している日本人の大学・大学院生と，私立中学に通っている中学 2・3 年生からデータを集めた。中学生は同じ私立中

学に通っており，大学・大学院生は 2 つの異なる大学の学生である。表 2 に
中学生と大学・大学院生のグループの内訳を示す。

表 2　実験参加者

	人数	年齢
中学 2 年生	52 名	13 ～ 14 歳
中学 3 年生	58 名	14 ～ 15 歳
大学・大学院生	58 名	平均 20.5 歳

　本研究では，各グループ内の学年や年齢の違いを考慮せず，中学生と大学
生という大きな 2 つのグループに分け，データを比較する。

5.2　実験方法

　実験に際し，(12) のような 3 単現 -s に関連する 8 タイプ（各 3 文）の英文
と，3 単現 -s とは関係のない 12 文の英文を用意した[19]。

(12) a.　タイプ 1：T1（1 人称単数：正文）

　　　　　I play the piano every day.

　　b.　タイプ 2：T2（1 人称複数：正文）

　　　　　My brother and I go to Hokkaido every summer.

　　c.　タイプ 3：T3（3 人称単数：正文）

　　　　　My father works at the bank.

　　d.　タイプ 4：T4（3 人称複数：正文）

　　　　　My children watch movies on TV in the evening.（語彙）[20]

　　　　　My sisters write letters to my grandparents.（形態）

　　　　　Tom and Mike love soccer.（統語）

　　e.　タイプ 5：T5（1 人称単数：非文（過剰使用））

　　　　　*I cleans my room before dinner.

　　f.　タイプ 6：T6（1 人称複数：非文（過剰使用））

19　タイプ 4 と 8 は，語彙的複数，形態的複数，統語的複数が 1 文ずつ使われている。

20　children については，ren が複数を示す形態素であるという提案もある（cf. Hockett, 1947）が，ここでは，複数の形態素 -s のつかない名詞句を語彙的複数として扱う。

　　　　*My mother and I goes shopping on Sundays.

　g.　　タイプ 7：T7（3 人称単数：非文（脱落））

　　　　*My father cook_ dinner for my family.

　h.　　タイプ 8：T8（3 人称複数：非文（過剰使用））

　　　　*Some people watches YouTube every day.（語彙）

　　　　*My friends writes Christmas cards every year.（形態）

　　　　*Mary and Judy loves Korean music.（統語）

　　タイプ 1 から 4 は 3 単現 -s の使用が正しい正文であり，タイプ 5 から 8
は -s が過剰使用されているか，脱落している非文である。タイプ 1 と 5 の
主語名詞句は 1 人称単数，タイプ 2 と 6 は A and I という形式で提示される
1 人称複数，タイプ 3 と 7 は 3 人称単数が使われている。タイプ 4 と 8 の主
語名詞句は，3 種類の 3 人称複数名詞句（語彙的，形態的，統語的）である。
語彙的複数は語尾に -s のない名詞句であり，形態的複数には名詞句に複数
の形態素 -s がつけられている。また統語的複数は，2 つの名詞句が and で結
ばれた等位接続名詞句であり，主語名詞句として複数の数素性を持つ。

　　実験参加者には，(13) のような英文と選択肢が与えられ，その英文の文法
性について 4 つの選択肢から 1 つ選ぶよう指示が与えられた。また，③や④
を選んだ場合は，正しくないと判断した理由を下線部に書くことを求めた。

(13)　　My friends writes Christmas cards every year.
　　　　①正しい　　②たぶん正しい　　③たぶん正しくない　　④正しくない

　　　(理由)
　　　_____

　　データ分析の際は，①を +2 点，②を +1 点，③を −1 点，④を −2 点に換算
し，③や④を選んだにもかかわらずその理由として 3 単現 -s に触れていない
場合は（例えば，「前置詞が違う」「過去形が適切だ」），0 点として分析した[21]。

_____

21　このようなスケール分析では「わからない」という選択肢を用意しておき，その選択
　　肢を選んだ場合 0 点にするのが一般的である。本研究では「わからない」という選択肢を
　　与えず，3 単現 -s の誤りに気づかなかった判断を 0 点としたが，その割合はごくわずかで

6.　結果と考察

6.1　全体の結果

　ここでは，1 人称単数の正文 (T1) と非文 (T5) について，3 文中 2 文以上正しく判断できた (T1 であれば①と②を選び，T5 であれば③と④を選んだ) 参加者のデータを利用する[22]。このスクリーニングにより，中学生では 110 名中 86 名，大学生では 58 名中 57 名のデータを分析した。

　中学生と大学生の正文と非文の判断結果を図 1 に示す。

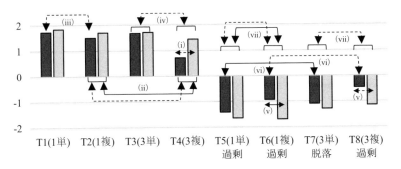

図 1　正文と非文に対する判断

　正文 (T1/2/3/4) では，値が 2 に近いと正しく文法性が判断できていることになる。中学生は T4 の 3 人称複数の英文の値が 0.72 であり，その 4 タイプの中では正しいと判断することが特に難しいようである。

　非文 (T5/6/7/8) では，値が −2 に近いと正しく文法性を判断していることになる。中学生は T6 の 1 人称複数と T8 の 3 人称複数の判断が難しいようである。図 1 の統計の結果 ((i) から (vii)) を (14) に示す[23]。

あった (中学生：1% (32/2640)，大学生：1% (14/1392))。

22　1 人称の主語名詞句が使われている英文を正しく判断できない場合は，3 単現 -s の知識をまだ身につけていない，または適当に解答している可能性が考えられるため，その後の分析より除いた。

23　正文の三要因の分散分析 (グループ (G) ×人称 (P) ×数 (N)) の結果は以下の通りである (G：$F(1, 141) = 12.56, p < .01$; P：$F(1, 141) = 61.80, p < .01$; N：$F(1, 141) = 58.47, p < .01$)，交互作用：$F(1, 141) = 10.57, p < .01$)。非文の三要因の分散分析の結果は以下の通

(14) (i)　3 人称複数 (T4) は，大学生の方が正しく判断できる。
　　(ii)　両グループとも，3 人称複数 (T4) が 1 人称複数 (T2) より難しい。
　　(iii)　中学生は，1 人称複数 (T2) が単数 (T1) より難しい。
　　(iv)　両グループとも，3 人称複数 (T4) が単数 (T3) より難しい。
　　(v)　1 人称複数 (T6) と 3 人称複数 (T8) は，大学生の方が正しく判断
　　　　できる。
　　(vi)　中学生は，3 人称 (T7/8) が 1 人称 (T5/6) より難しい。
　　(vii)　両グループとも，複数 (T6/8) が単数 (T5/7) より難しい。

　図 1 の破線で示している正文と非文の判断結果の明らかな共通点を (15) のようにまとめる。

(15) a.　中学生は，1 人称でも 3 人称でも複数が単数より難しい。
　　 b.　中学生は，複数の場合 3 人称が 1 人称より難しい。
　　 c.　大学生は，3 人称では複数が単数より難しい。
　　 d.　3 人称複数は，大学生の方が正しく判断できる。

　中学生は，I が主語名詞句として使われている英文 (T1/5) の文法性は適切に判断できたが，3 単現 -s が過剰使用された非文 (T6/8) を正しいと判断し，逆に 3 単現 -s がつけられていない正文 (T2/4) を非文，3 単現 -s が必要であるにもかかわらず -s のない非文 (T7) を正文と判断していた。中学生は 1 人称であっても 3 人称であっても複数の主語名詞句が使われている英文の判断が困難であることから，中学生は人称を正しく区別しているわけではなく，1 人称複数を 3 人称の名詞句と同じように分類している可能性が考えられる。つまり，中学生は，主語名詞句を I と「その他」に分け，1 人称複数も 3 人称と同様「その他」に分類し，「その他」の場合は 3 人称単数のように動詞に -s が必要であると判断していると思われる。
　大学生は，1 人称複数を 1 人称と認識しており，3 単現 -s の文法性を適切

___

りである (G：$F(1, 141) = 59.62, p < .01$; P：$F(1, 141) = 82.52, p < .01$; N：$F(1, 141) = 95.87, p < .01$)，交互作用：$F(1, 141) = 12.74, p < .01$)。下位検定はすべてライアン法である。以下，同様である。

に判断している。しかし，3 種類の主語名詞句が使われている 3 人称複数の
英文の判断には困難が見られる。そこで，以下では 3 人称複数の主語名詞句
の影響について検証する。

6.2　主語名詞句の影響

　本研究では，3 人称複数の主語名詞句として，複数の数素性が与えられて
いる語彙的複数，複数の形態素 -s が与えられる形態的複数，等位接続名詞
句として複数の数素性を持つ統語的複数の 3 種類の名詞句を使い，実験を
行った。まず，正文 (T4) に対する JLE の結果を図 2 に示す。

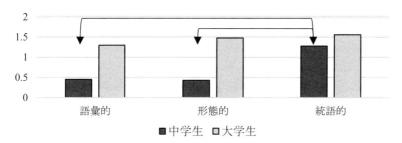

図 2　複数名詞句の影響（正文：T4）

　正文では，大学生と中学生の判断に差が見られる。統計の結果，大学生は
3 つの英文をほぼ同じように判断していたが，中学生は，語彙的複数と形態
的複数より統語的複数を正しいと判断していることが明らかになった[24]。
　非文 (T8) の結果を図 3 に示す。

24　二要因の分散分析の結果は以下の通りである（G：$F\,(1, 141) = 21.89, p < .01$, 名詞句：$F$
　$(2, 282) = 6.87, p < .01$, 交互作用：$F\,(2, 282) = 3.08, p < .01$）。

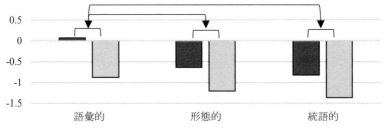

図3　複数名詞句の影響（非文：T8）

　図 3 では，大学生と中学生の判断に差があるように見えるが，統計の結果，両グループとも語彙的複数のみ非文と判断できないことがわかった[25]。

　統語的複数は，主語名詞句に複数の数素性が与えられる。本研究の中学生と大学生は，統語的複数の英文を適切に判断していることから，派生により DP に与えられる複数の数素性の処理は，JLE にとってはそれほど難しくないと考えられる。

　複数の形態素 -s により数素性が示される形態的複数の英文の文法性については，これまでの研究でも JLE は適切に判断できないと提案されている。本研究の中学生は，3 単現 -s が過剰使用されている非文（T8）では，統語的複数と同様，形態的複数の英文を比較的正しく非文と判断できたが，3 単現 -s のない正文（T4）に対しては，正文と判断することが難しいようである。個人データを分析すると，86 名の中学生のうち 31 名が，T4 の形態的複数の英文を誤って非文と判断していた。さらに，3 人称単数の正文（T3）の判断を調べてみると，その 31 名全員が 3 つの英文のうち 2 文以上の英文を正しいと判断しており，31 名中 29 名は，3 単現 -s が脱落している 3 人称単数の非文（T7）を正しくないと答えていた。つまり，その中学生たちは，students のような形態的複数が使われている英文に対し，3 人称単数の英文のように 3 単現 -s が必要であると判断している。形態的複数は複数の形態素 -s により数素性が示されるが，中学生はこの複数の数素性を適切に扱う

25　二要因の分散分析の結果は以下の通りである（G：$F(1, 141) = 8.32, p < .01$，名詞句：$F(2, 282) = 5.35, p < .01$，交互作用：$F(2, 282) = 0.73, p = .484$ *ns.*）。

ことができず，3 人称の主語名詞句には 3 単現 -s がつくという人称素性の情
報を利用し，形態的複数の主語名詞句が使われている英文も 3 単現 -s が必
要であると判断していると考えられる。

　語彙的複数である people が使われている非文 (T8) に対しては，86 名中
46 名の中学生が，3 単現 -s が過剰に使用されている英文を正しいと判断し
ていた。もし中学生が people を複数とみなしているのであれば，3 単現 -s
のついた英文を正しいと判断することはないはずである [26]。また, children が
使われている正文 (T4) においても，86 名中 29 名が 3 単現 -s の使われてい
ない英文を非文と判断しており，中学生は語彙的複数が主語名詞句として使
われている英文では 3 単現 -s が必要であると判断しているようである [27]。大
学生の英語母語話者を対象とした研究によると，英語では単数名詞の出現頻
度が多く，英語母語話者も複数形態素のない名詞句に単数の数素性を初期値
として与えることが提案されている [28]。もしこの提案が JLE にも当てはまる
とすれば，ここで使用した語彙的複数の名詞句には複数の形態素 -s がつい
ていないため，JLE もその名詞句を単数とみなし，3 単現 -s が使用されてい
る非文を正しいと判断したと考えられる。

　JLE が複数の形態素 -s を認識し，主語名詞句の複数の数素性を適切に扱
うことができるようになれば，徐々に 3 単現 -s も正しく判断できるように
なる。しかし，語彙的複数では，複数の数素性が明示されないため，学習者
は初期値からの変更に時間がかかると予測される。そのため，大学生になっ
ても語彙的複数を適切に扱うことが難しく，語彙的複数が使われている英文
の文法性の判断は，他の英文と比べ困難であったと思われる。

7.　おわりに

　3 単現 -s を正しく扱うためには，主語名詞句の人称素性と数素性が適切に

26　people の前に複数が明示される some が置かれたとしても，中学生はその複数の情報も
　　利用していない。

27　children より people の方が正しく文法性を判断できなかった理由は，children は「子供
　　たち」と日本語では訳されるため，「たち」＝複数という規則が使われ，children を複数と
　　判断した JLE が多かったのかもしれない。

28　Eberhard（1997）

習得されなければならない。本研究では，中学生は人称素性の情報を利用し3単現-sの文法性を判断していること，A and Iのような等位接続名詞句を3人称とみなすこと，3人称の場合は複数の形態素-sのついた形態的複数であっても3単現-sが必要であると判断すること，大学生であっても語彙的複数に複数の数素性を与えることは困難であること，がわかった。

【外国語教育に関わる人が知っておくべきポイント】

・ 人称素性より数素性の習得が難しい。数素性が適切に習得されていない段階では，学習者は人称素性の情報を利用し3単現-sの必要性を判断する。
・ 中学生は，主語名詞句を人称代名詞Iと「その他」に分け，「その他」の名詞句は3人称とみなす。さらに，3人称の場合は3単現-sが必要であると判断する場合がある。
・ 中学生は，複数形態素-sのない名詞句を単数と認識している可能性がある。
・ 大学生になると，人称は正しく扱うことができるようになるが，語彙的複数の文法性判断はまだ困難である。

【執筆者から読者へのメッセージ】

　3単現-sには人称や数といった素性が関わっており，JLEにとってそれらの習得には時間がかかる。また，素性はさまざまな文法項目と関連している場合があるため，3単現-sに関する素性の情報が適切に習得されれば，他の文法項目（例えば，名詞句の可算不可算の区別など）を学ぶ際にもその知識がプラスに働く可能性があるが，素性の情報が誤っている場合は，いつまでたっても同じ誤りが繰り返されることになる。英語学習に特効薬はないが，言語学の知見を英語学習や指導に応用することができれば，学習者の悩みを解決する糸口を見つけることができるのではないだろうか。

付　記
本研究は，JSPS科研費（JP20K13107）の助成を受けたものです。

参照文献
坂内昌徳・佐々木裕美（2004）.「第二言語における主語と動詞の「一致」の知識─日

本人英語学習者のデータから―」『福島工業高等専門学校研究紀要』*45*, 101–109.

Chomsky, N.（1981）. *Lectures on government and binding: The Pisa lectures*. Foris Publications.

Chomsky, N.（2001）. Derivation by phase. In M. J. Kenstowicz（Ed.）, *Ken Hale: A life in language*（pp. 1–52）. MIT Press.

Chomsky, N.（2013）. Problems of projection. *Lingua, 130*, 33–49. https://doi.org/10.1016/j.lingua.2012.12.003

Eberhard, K. M.（1997）. The marked effect of number on subject-verb agreement. *Journal of Memory and Language, 36*(2), 147–164. https://doi.org/10.1006/jmla.1996.2484

Hasegawa, N.（2006）. Honorifics. In M. Everaert, & H. van Riemsdijk（Eds.）, *The Blackwell companion to syntax 2*（pp. 493–543）. Blackwell.

Haznedar, B.（2001）. The acquisition of the IP system in child L2 English. *Studies in Second Language Acquisition, 23*(1), 1–39. https://doi.org/10.1017/S0272263101001012

Hockett, C. F.（1947）. Problems of morphemic analysis. *Language, 23*, 321–343. https://doi.org/10.2307/410295

Ionin, T., & Wexler, K.（2002）. Why is 'is' easier than '-s'?: Acquisition of tense/agreement morphology by child second language learners of English. *Second Language Research, 18*(2), 95–136. https://doi.org/10.1191/0267658302sr195oa

Kayne, R.（1994）. *The antisymmetry of syntax*. MIT Press.

三原健一・平岩健（2006）.『新日本語の統語構造』松柏社.

三輪健太（2015）.「等位接続句におけるラベリングの問題と等位構造制約」『学習院大学英文学会誌 2014』73–91.

Niinuma, F.（2003）. *The syntax of honorification* [Ph.D. dissertation, University of Connecticut]. UCONN library. https://opencommons.uconn.edu/dissertations/AAI3118962

Radford, A.（2016）. *Analysing English sentences*（2nd ed.）. Cambridge University Press.

Toribio, A.（1990）. Spec-head agreement in Japanese. In A. Halpern（Ed.）, *WCCFL 9 The proceedings of the ninth west coast conference on formal linguistics*（pp. 535–548）. CSLI Publications.

Saito, M.（2016）.（A）case for labeling: Labeling in languages without ϕ-feature agreement. *The Linguistic Review, 33*(1), 129–175. https://doi.org/10.1515/tlr-2015-0017

Shibuya, M., & Wakabayashi, S.（2008）. Why are L2 learners not always sensitive to subject-verb agreement? In L. Roberts, F. Myles, & A. David（Eds.）, *EUROSLA yearbook 8*(pp. 235–258). John Benjamins. https://doi.org/10.1075/eurosla.8.13shi

白畑知彦・冨田祐一・村野井仁・若林茂則（2019）.『英語教育用語辞典（第 3 版）』大修館書店.

Wakabayashi, S.（1997）. The acquisition of functional categories by learners of English. Ph.D. dissertation, University of Cambridge.

若林茂則・福田一彦・坂内昌徳・浅岡章一 (2007).「日本語話者の英語の 3 単現の -s に対する敏感度—事象関連電位データに基づく考察—」*Second Language, 6*, 19–46. https://doi.org/10.11431/secondlanguage2002.6.0_19

若林茂則・穂苅友洋・秋本隆之・木村崇是 (2018).「論考：分散形態論が照らし出す 三人称単数現在 -s の変異性の多層的原因」*Second Language, 17*, 51–84. https://doi. org/10.11431/secondlanguage.17.0_51

若林茂則・山崎妙 (2006).「3 単現の -s の使用にみられる統語構造と線的距離の影響」 『文部科学省科学研究費補助金 基盤研究 (C) 研究成果報告書 (代表：若林茂則, 課 題番号：15520364)』(pp. 45–64).

White, L. (2003). Fossilization in steady state L2 grammars: Persistent problems with inflectional morphology. *Bilingualism: Language and Cognition, 6*(2), 129–141. https://doi.org/10.1017/S1366728903001081

Yamazaki, T. (2015). Consideration of a prosodic transfer account with reference to Japanese-speaking learners' production of functional morphemes in L2 English. 『跡見学園女子大 学文学部紀要』*50*, 89–108.

5 前置詞の習得

―前置詞とその前後の要素の関係性―

吉田智佳

1. はじめに

　英語では *at midnight, in the evening, on June 10th* のように *at/in/on* が使い分けられるが，このような類似した意味を持つ前置詞の使い分けが英語学習者には難しい。ここでは前置詞の選択を誤る原因について考える。まず，前置詞が複数の意味素性からなる集合体であり，前置詞の意味の違いは値を持った意味素性の組み合わせの違いであると仮定することから始めたい。

2. 理論的背景

2.1 前置詞を構成する意味素性

　単語の意味は同じ意味領域内の他の単語との関係性によって決まる[1]。ある単語を完全に理解することは類似した意味を持つ単語との境界を見つけることに他ならない。たとえば，「タクシー」「トラック」「バス」という名詞はいずれも乗り物であり，[＋乗り物] という意味素性を共有している。一方，「人を運ぶ」か「人を運ばない」のか，「予定に合わせて走る」か「予定に合わせずに走る」のかという点で異なり，これらの単語の違いは表1のように示される[2]。

---

[1]　意味領域とは互いに関連する意味を持った単語が属するグループをいう。同じ意味領域に含まれる単語は共通の意味素性を持つ。

[2]　影山・de Chene・日比谷・Tatsuki (2020) 他を参照。「＋」は当該の意味素性を持つことを示し，「−」はその意味素性を持たないことを示している。

表1　乗り物を表す名詞の類似点と相違点

	乗り物	人を運ぶ	予定に合わせて走る
バス	＋	＋	＋
タクシー	＋	＋	－
トラック	＋	－	－

バスは［＋乗り物］［＋人を運ぶ］［＋予定に合わせて走る］という値を持った意味素性の集合として示され，［＋予定に合わせて走る］という意味素性によってタクシーやトラックと区別される。さらに，［＋人を運ぶ］という意味素性によってトラックと区別される。このように前置詞の意味の違いも示せないだろうか。ここでは使い分けが難しいと言われる前置詞を5つの意味領域，(a) 場所を表すもの (*at/in/on*)，(b) 時を表すもの (*at/in/on*)，(c) 期間を表すもの (*during/for*)，(d) 期限・継続期間の終点を表すもの (*by/until*)，(e) 方向・着点を表すもの (*for/to*) に分類し，それぞれの意味領域に属する前置詞について意味素性とその値による区別を試みる[3]。

　まず，場所を表す前置詞 (*at/in/on*) を見よう。これらはいずれも［＋place (場所)］という意味素性を共有している。さらに，(1a) の *at* は特定の一地点を示す点において［+point (点)］という中核的意味素性を持つ[4]。(1b) の *in* はある領域内部を示すため，［+inclusion (包含)］という中核的意味素性を持つ。(1c) の *on* は面との［+contact (接触)］という中核的意味素性を持つ[5]。場所を表す前置詞 (*at/in/on*) はそれぞれが固有に持つ中核的意味素性とその値によって区別され，それぞれ表2のような意味素性の組み合わせとして示される[6]。

3　Quirk, Greenbaum, Leech, & Svartvik (1985) の prepositional meanings の記述をもとに筆者が意味素性の表記を試みた。

4　前置詞が他の前置詞と区別されるために固有に持つ意味素性を中核的意味素性という。プロトタイプ理論では「場所」が *at* のプロトタイプと仮定されることがあるが，前置詞を意味素性の集合体ではなく，単体として扱う点において本章の中核的意味素性とは異なる。

5　例文中の＊はその文が非文であることを示している。さらに，例文中の前置詞に＊がついている場合には，その前置詞を使用するとその文が非文になることを示している。

6　ここでは (1) の各例が示すように，三つの前置詞 (*at/ in/ on*) のうち，一つだけが正用となる場合を想定している。したがって，*at* と *on* の両方が正用となる場合（この場合は［+point］［−inclusion］［+contact］となる）はこの表には含まれていない。

(1) a.　Garren is *at/*in/*on* 10 Victoria Street.

　　b.　My mother is **at/ in/*on* the kitchen.

　　c.　There is a book **at/*in/ on* the desk.

表 2　場所を表す前置詞 at/in/on の意味素性

	place	point	inclusion	contact
at	+	+	−	−
in	+	−	+	−
on	+	−	−	+

　時を表す前置詞 (*at/in/on*) は［+time（時）］を共有している[7]。

(2)　There is a meeting *at/*in/*on* 4:30.

(3) a.　**At/ In/*On* summer, I usually go to the sea.

　　b.　We will go there **at/*in/ on* Sunday next.

(4) a.　I like to go for a walk **at/ in/*on* the evening.

　　b.　It happened **at/*in/ on* the evening of the 13th.

(2) の *at* は 4:30 という時間上の一点を指し，［+point］を持つ。*in* と *on* は共に期間を表す点において［−point］という意味素性を共有するが，両者は期間の長さと特性において異なる。*in* が示す期間は「一日よりも長い」期間であり（(＝3a)），*on* が示す期間は「一日」である（(＝3b)）。しかし，*in* と *on* のどちらも一日の一部分を指すことがある。(4a) の *the evening* は不特定の夕方を示すが，(4b) の *the evening of the 13th* は特定の一日の夕方を示す[8]。*in* と *on* の期間の特性の違いは specificity（特定性）の値の違いによって区別される[9]。(2) の 4:30 は特定の時刻を示すため，［+specific］という意味素性を持つ。時を表す前置詞 (*at/in/on*) はそれぞれ表 3 のように示される。

7　時に関係するすべての用法を対象にはしていない。I will see you *in* a few minutes. のような時間の経過を表す *in* はこの中には含まれていない。

8　安藤 (2012)，Quirk 他 (1985) を参照。

9　specificity（特定性）が妥当かどうかについてはさらに検討が必要である。

表3 時を表す前置詞 at/in/on の意味素性

	time	point	specificity
at	＋	＋	＋
in	＋	−	−
on	＋	−	＋

　三番目は期限を表す *by* と継続期間の終点を表す *until* である。*by* と *until* は［＋endpoint（終点）］という意味素性を共有するが，*by* は動詞が示す行為の終了時点を示し，*until* は継続している状態の終了時点を示す。(5) ではその仕事を終えるという行為の終了時点を示すのに対し，(6) ではオフィスに滞在している状態の終了時点を示している。この点において *by* は［−duration（非継続性）］という特徴を，*until* は［＋duration（継続性）］をそれぞれ持つ。*by* と *until* の意味素性は表4のように示される。

(5)　*By* /*Until this time tomorrow, I will have finished the work.

(6)　I will have to stay in the office *by/ *until* 5 o'clock.

表4 期限・継続期間の終点を表す前置詞 by/until の意味素性

	endpoint	duration
by	＋	−
until	＋	＋

　四番目は期間を表す前置詞(*during/for*)である[10]。*during* も *for* も期間を表し，［＋period（期間）］という意味素性を持つ。一方，*during* は *the summer holidays* のような定名詞句と共起するが，*for* は定名詞句とは共起しない ((＝7))。逆に，*for* は不定名詞句と共起するが，*during* は不定名詞句とは共起しない ((＝8))。この点において *during* は［＋definite］を，*for* は［−definite］を持ち，これらの前置詞の意味素性は表5のように示される。

(7)　The boys practiced basketball *during/**for the summer holidays.

10　現時点では期間を表すすべての前置詞について網羅しているわけではない。たとえば，He will come back <u>*within*</u> two weeks. の *within* については今後検討したい。

(8)　　We hadn't had anything to eat **during/ for* 24 hours.

表 5　期間表す前置詞 for/during の意味素性

	period	definiteness
for	＋	－
during	＋	＋

　最後に方向・着点を表す前置詞 (*for/to*) を見よう。*for* も *to* も方向を表し，[+intended destination (目指す方向)] を持つ。しかし，*for* はその場所に到着することを含意しない点において [−goal] を，*to* は目指した場所に到着することを含意するため，[+goal] を持つ[11]。(9) ではブラウン氏はロンドンに向けて立ったがロンドンに到着したかどうかは不明である。一方，(10) では駅に向かって出発し，到着したことを表している。方向・着点を表す *for* と *to* の意味素性は表 6 のように示される。

(9)　　Mr. Brown left *for/*to* London yesterday.

(10)　I got **for/ to* the station just in time for the train.

表 6　方向・着点を表す前置詞 for/to の意味素性

	intended destination	goal
for	＋	－
to	＋	＋

このように，類似した意味を持つ前置詞は値を持った意味素性の組み合わせによって区別される。

2.2　前置詞とその前後の関係

　前置詞には動詞との関係が深いものがある。[−duration] を持つ *by* は瞬間を表す動詞と共起し ((= 11a))，継続を表す動詞とは共起しない ((= 11b))。

11　到着が含意されるか否かは過去時制や完了相によるのではないかという疑問が生じるかもしれないが，I will get **for/ to* the station. のような未来を表す文においても *for* ではなく *to* が用いられる。到着を含意するかどうかは時制や相の問題ではなく，動詞が持つ意味素性の問題である。さらに，文脈が影響を与えている可能性もある。

一方，［＋ duration］を持つ *until* は継続を表す動詞と共起するが（（＝ 12a）），瞬間を表す動詞とは共起しない（（＝ 12b））。

(11) a.　I must return home (/finish the work/ arrive at the station) *by* 4:00.

　　 b.　*We stayed at the hotel (/remained silent / waited for you) *by* then.

(12) a.　We stayed at the hotel (/remained silent / waited for you) *until* then.

　　 b.　*I must return home (/finish the work/ arrive at the station) *until* 4:00.

　方向を表す *for* と着点を表す *to* にも動詞（句）の意味が関与する。*for* は［−goal］という意味素性を持ち，出発を表す動詞（句）（*start* や *leave* など）と共起する（（＝ 13））。一方，*to* は［＋goal］という意味素性を持ち，着点を含意する動詞（*return* や *move* など）と共起する。

(13)　We should *start for/*to* the station around 7:00.

(14)　Ken has just *returned *for/to* Japan after two days in China.

　次に，名詞句と関係が深い前置詞を見よう。場所や時を表す *at/in/on*，期間を表す *during/for* は名詞句と関係が深い。前述の *during/for* を見よう。(15) の *the week* は定名詞句であるため，［＋definite］を持つ *during* と共起するが，*for* とは共起しない。一方，(16) の *a week* は［−definite］を持つ *for* と共起するが，*during* とは共起しない。

(15)　We usually go out on weekends, but don't go out *during/*for the week*.

(16)　As Sarah was very angry with me, she didn't speak to me **during/ for a week*.

2.3　素性照合のメカニズム

　前節では前置詞が値を持った複数の意味素性からなる集合体であることと前置詞とその前後の要素の間には深い結びつきがあることを見た [12]。本節で

---

[12]　前置詞を意味素性の集合体と捉え，前置詞の持つ意味素性が補部名詞句の意味素性と

はある前置詞が特定の要素と共起する（あるいは，共起しない）ことの背後にどのようなメカニズムが働いているのかを見る [13]。(17a) の *during* は［+period］と［+definite］の二つの意味素性を持つ。*the week* は［+period］［+definite］という意味素性を持つ。(17b) の *a week* は［+period］［−definite］という意味素性を持つ。

(17) a.　We usually go out on weekends, but don't go out

　　　　during ［+ ~~period~~］［+ ~~definite~~］

　　　　　　　⇕　照合　⇒　一致

　　　　the week ［+ ~~period~~］［+ ~~definite~~］.

　　b.　*We usually go out on weekends, but don't go out

　　　　during ［+ ~~period~~］［+ definite］

　　　　　　　⇕　照合　⇒　不一致

　　　　a week ［+ ~~period~~］［− definite］

the week/a week がそれぞれに持つ意味素性と *during* が持つ意味素性が照合され，一致すれば正文，不一致であれば非文となる。このように前置詞と補部名詞句の間ではそれぞれが持つ意味素性が同一，かつ，同値であるかどうかが照合される [14]。

　照合するという考え方は生成文法の考え方であり，Bong (2009, 2014, 2016) などの一連の研究にも取り入れられている。

13　本章では Chomsky (1995) の Minimalist Theory（MT）を念頭に置いている。MT では併合 (merge)（＝要素と要素を結合させる操作）が提案されている。併合には結合される要素同士が持つ素性（人称・数・性）が素性照合される。素性照合とは素性の値が同じであることを確認する操作をいう。素性照合がうまくいかなければ，その併合は失敗に終わる。つまり，正しい構造しか生成されない。MT ではこれらの操作を人間に特有の普遍的なものと想定している。本章ではこの考え方を採用し，前置詞とその前後の要素間にも適用されると想定している。さらに，素性照合のメカニズムは母語獲得，第二言語習得のいずれの場合にも機能すると仮定する。第二言語習得の場合には，母語獲得の場合と異なり，誤った意味素性や意味素性の誤った値同士が照合され，誤った前置詞句が産出されることがあると考えられる。

14　同様に動詞と前置詞の場合にも動詞の意味素性と前置詞の意味素性が照合されるが，紙面の都合上，説明を割愛した。

3.　これまでの研究

　前置詞の習得については数多くの研究がある。特に *at* と，*in, on* を対象とした研究が多く，アプローチもさまざまである [15]。ここでは本研究と関わりのある須田・吉田・白畑（2018）を概観する。須田他（2018）は日本語を母語とする英語学習者（大学生）226 名を対象に，頻繁に使用される 16 種類の前置詞の困難度順序を調査した。空所のある英文があり，その空所に入れるのに適切な前置詞を選ぶ四肢選択問題 48 問（16 種類 ×3 文）であった。対象とした前置詞は図 1 に示す 7 つの困難度グループに分けられた [16]。

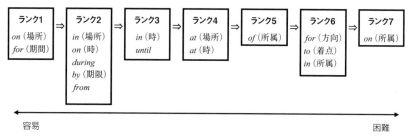

図 1　前置詞の困難度順序

ランク 1 に属する場所を表す *on* と期間を表す *for* の習得が一番容易であり，ランク 7 に属する所属を表す *on* の習得が一番困難であることを示している。須田他（2018）は同一タイプの前置詞であっても個々の調査文の正答率に差があったことにも触れ，その理由として補部名詞句の影響を示唆している。しかし，補部名詞句の何が，何に対して，どのような影響を与えたために正答率の差が生じたのかについては言及していない。前置詞を単体として捉える限り，前置詞とその前後の要素との関係を明らかにするのは難しい。

15　前置詞を多義語の一種とみなし，*at/in/on* が持つ意味をそれぞれ場所，時，（それ以外の）抽象的意味の三つに分け，どの前置詞のどの意味の習得が容易（あるいは困難）かを明らかにしようとした研究に Yamaoka（1995, 1996），Hayashi（2001, 2008）などがある。さらに，前置詞の習得に影響を与える要因を解明しようとした研究もある。教科書内に出現する前置詞（*at/in/on*）と共起する頻度の高い名詞句の影響を調査した研究に須田・岡村（2019）などがある。さらに，前置詞の習得に母語の影響があるかどうかを調査したものに Hayashi（2001, 2008）や吉田（2021）などがある。

16　図は筆者による。

さらに，前置詞とその前後の要素との照合関係を見るためには，個人データを分析する必要がある。

4.　実験

　本研究におけるリサーチ・クエスチョンは以下の三点である。

(18) a.　日本語を母語とする英語学習者は前置詞と補部名詞句の意味素性を一貫して一致できるか。

　　 b.　日本語を母語とする英語学習者は動詞と前置詞の意味素性を一貫して一致できるか。

　　 c.　前置詞の選択において，前置詞の手前の動詞や補部名詞句の意味素性が影響を与えるか。

「一貫して一致できる」とは以下で見る同一タイプの問題（各 4 問）すべてに正解した場合とする。(18) を調査するために 12 種類の各前置詞の全問正答者数を調査する。全問正答者数がいれば，素性照合のメカニズムが働き，当該前置詞については前置詞とその前後の要素との意味素性を一貫して一致できたことになる。

　次に，全問正答者が同一意味領域内の他の前置詞の問題にどのように解答したかを見る。同一意味領域の中に A と B という二つの前置詞がある場合（たとえば *during* と *for*），A と B のどちらにも全問正答すれば A と B の両方の前置詞と補部名詞句（あるいは動詞（句））との意味素性の一致ができた（＝同一意味領域に属する前置詞の使い分けができた）ことになる。A のみに全問正答した場合には，B の意味素性の一致ができなかったことが分かり，どの意味素性が習得できていないかが特定される。誤りが特定の問題に集中した場合，一致を妨げている要因が前置詞の前後の要素にある可能性を示唆することになる。

4.1　実験

　実験参加者は日本語を母語とする英語学習者（大学生）45 名である。全員に Oxford Quick Placement Test（OUP, 2001）を受けてもらった。平均点は 60

点満点中 26.6 点（最高 39 点，最低 14 点，標準偏差 6.20）であった。以下の
12 種類の前置詞を対象にした。頻繁に使用され，かつ，一つの形態素で構
成されるものである[17]。前置詞の選択には動詞（句）や名詞（句）が関与する
可能性をみるために，動詞（句）と補部名詞句についてタイプを分けた。

表 7　実験に使用した前置詞と補部名詞句

意味	前置詞	補部名詞句
場所	*at*	（地点）the door / the window
		（建物）the sports hall / the hotel
	in	（建物／建物内部）Sue's house / the room
		（建物以外）the mountains / the sky
	on	（具体的な接触）the second floor of the building / the door
		（抽象的な接触）the back of the card / the menu
時	*at*	（一点）midnight / noon /the present time / the end of July
	in	（一日の一部分）the evening
		（一日よりも長い期間）the 1920's / in the past（future）/ October
	on	（特定の一日）October 22nd / Saturday nights / their wedding anniversary / New Year's Eve
期間	*during*	（特定の期間）the night / the week / the morning break / the last ten years
	for	（不特定の期間）eight hours / a week / two days / six months

表 8　実験に使用した前置詞と動詞（句）・補部名詞句

意味		動詞	補部名詞句
期間・期限の終点	*by*	（瞬間動詞）return / finish / tell / pay	4:00 / Saturday / then / tomorrow
	until	（継続動詞）wait / stay / will not be able to withdraw	3:00 / Thursday / then / tomorrow
方向・着点	*for*	（出発動詞）start / depart / leave / head	the beach / Los Angeles / the scene of the accident / the office
	to	（着点が含意される動詞）return / move / run / take	Suruga Bridge / France / New York / Kyoto Station

テストは四肢選択方式で実施した。実験参加者には（19）のような空所のあ

17　*at, for, in, on* の四つの前置詞については同一形式の前置詞であっても意味が異なれば別
　　種類の前置詞と捉える。

る英文と四つの選択肢が記載されたテスト用紙を配布し，空所に入れるのに適切な前置詞を四つの選択肢の中から一つだけ選ぶように指示した。

（19）　Sarah was very angry with me. She didn't speak to me （　）a week.
　　　　　　a. by　　　　　　b. during　　　　　c. for　　　　　d. until

（19）の正解は c の *for* である。問題文は全部で 48 問（12 種類 × 4 文）あり，参加者が日本語に惑わされないようにするために，問題文には日本語訳を記載しなかった。解答時間には制限を設けなかったが，開始からほぼ 30 分で全員が解答を終了した。

4.2　結果

　実験結果は表 9 のとおりである。4/4 は同一タイプの問題 4 問中，4 問すべてに正答したことを示している。表中の分数は 45 名中の正答者数を示し，（　）には正答者が占める割合を示している。グレーの部分に着目したい。

　期間を表す *for*（28.9%）と時を表す *in*（20%）以外の前置詞の全問正答率は 20% 未満であった。同一意味領域内の前置詞でも全問正答率の差が見られた。場所を表す前置詞では *at* と *in* が共に 3 名（6.7%）であったのに対し，*on* は 8 名（17.8%）であった。時を表す前置詞については *at* が 4 名（8.9%），*on* が 3 名（6.7%）で，*in* は 9 名（20%）であった。期間を表す前置詞については，*during* が 4 名（8.9%）であったのに対し，*for* は 13 名（28.9%）であった。期限・期間の終点を表す *by* と *until* については，*by* が 6 名（13.3%），*until* が 5 名（11.1%）であった。方向・着点を表す前置詞については，*for* が 0 名に対し，*to* は 7 名（15.6%）であった。

表 9　正答数ごとの人数（全体の人数に対する割合）

意味	前置詞	4/4	3/4	2/4	1/4	0/4
場所	*at*	3/45	10/45	13/45	11/45	8/45
		(6.7)	(22.2)	(28.9)	(24.4)	(17.8)
	in	3/45	16/45	16/45	7/45	3/45
		(6.7)	(35.6)	(35.6)	(15.6)	(6.7)
	on	8/45	12/45	12/45	8/45	5/45
		(17.8)	(26.7)	(26.7)	(17.8)	(11.1)
時	*at*	4/45	12/45	13/45	12/45	4/45
		(8.9)	(26.7)	(28.9)	(26.7)	(8.9)
	in	9/45	15/45	10/45	11/45	0/45
		(20.0)	(33.3)	(22.2)	(24.4)	(0)
	on	3/45	4/45	19/45	16/45	3/45
		(6.7)	(8.9)	(42.2)	(35.6)	(6.7)
期間	*during*	4/45	11/45	13/45	12/45	5/45
		(8.9)	(24.4)	(28.9)	(26.7)	(11.1)
	for	13/45	16/45	9/45	4/45	3/45
		(28.9)	(35.6)	(20.0)	(8.9)	(6.7)
期限・期間の終点	*by*	6/45	10/45	5/45	13/45	11/45
		(13.3)	(22.2)	(11.1)	(28.9)	(24.4)
	until	5/45	9/45	11/45	14/45	6/45
		(11.1)	(20.0)	(24.4)	(31.1)	(13.3)
方向・着点	*for*	0/45	0/45	3/45	12/45	30/45
		(0)	(0)	(6.7)	(26.7)	(66.7)
	to	7/45	15/45	8/45	10/45	5/45
		(15.6)	(33.3)	(17.8)	(22.2)	(11.1)

　次に表 10 を見よう。各前置詞の問題に全問正答した参加者が同一意味領域に属する他の前置詞の問題にどのように解答したかが示されている。

　「タイプ」欄には全問正答者数を記載した。「*at*（3）」は *at* の問題 4 問すべてに 3 名が正答したことを示している。「誤りのタイプ」欄には当該前置詞の全問正答者がどの前置詞を使用すべきところでどの前置詞を誤って選択したかを記した。たとえば，「*in* → *at*」は *in* が正答であるべきところを誤って *at* を選択したことを示している。「延べ数」欄には「誤りのタイプ」に記した誤りの延べ数を，（　　）内には誤りを犯した人数を記した。また「前置詞と共起する補部名詞句」欄には不正解の問題に使用された補部名詞句が記され，（　　）内には誤りを犯した事例数が示されている。

表 10　各前置詞の誤りのタイプと前置詞の補部名詞句

	タイプ	誤りのタイプ	延べ数 （人数）	前置詞と共起する補部名詞句
場所	at (3)	in → at	4 (2)	the mountains (2) / Sue's house (2)
		in → on	2 (1)	the mountains (1) / the sky (1)
		on → at	6 (3)	the second floor of the building (2) / the back of the card (1) / the door (2) / the menu that I liked (1)
		on → in	3 (1)	the second floor of the building (1) / the back of the card (1) / the menu that I liked (1)
	in (3)	at → in	4 (3)	the sports hall (1) / the hotel (2) / the window (1)
		at → for	1 (1)	the sports hall (1)
		on → on	1 (正答)	
		on → in	2 (2)	the second floor of the building (1) /the menu that I liked (1)
		on → at	1 (1)	the back of the card (1)
	on (8)	at → in	7 (6)	the door (2) / the sports hall (4) / the window (1)
		at → on	8 (6)	the door (3) / the hotel (1) / the window (4)
		in → in	1 (正答)	
		in → at	8 (6)	the mountains (6) / the room (1) / Sue's house (1)
		in → on	5 (4)	the mountains (1) / the sky (3) / Sue's house (1)
時	at (4)	in → in	3 (正答)	
		in → at	1 (1)	the evening (1)
		in → for	1 (1)	the past, the future (1)
		on → in	3 (2)	October 22nd (1) / their wedding anniversary (1) / New Year's Eve (1)
		on → at	6 (3)	Saturday nights (2) / their wedding anniversary (1) / New Year's Eve (3)
		on → for	1 (1)	New Year's Eve (1)
	in (9)	at → at	3 (正答)	
		at → for	1 (1)	the end of July (1)
		at → in	8 (4)	midnight (3) / noon (1) / the end of July (1) / the present time (3)
		at → on	2 (2)	noon (2)
		on → at	8 (5)	Saturday nights (3) / their wedding anniversary (1) / New Year's Eve (4)
		on → for	5 (4)	October 22nd (1) / Saturday nights (1) / their wedding anniversary (3)
		on → in	6 (5)	Octover 22nd (2) / their wedding anniversary (1) / New Year's Eve (3)
	on (3)	at → in	6 (3)	noon (2) / the end of July (2) /the present time (2)
		at → on	2 (2)	midnight (1) / noon (1)
期間	during (4)	for → for	1 (1) (正答)	
		for → until	2 (2)	eight hours (2)
		for → during	1 (1)	eight hours (1)
	for (13)	during → during	1 (1) （正答）	
		during → for	16 (12)	the last ten years (9) / the morning break (2) / the week (5)
		during → until	2 (2)	the morning break (2)
		during → by	1 (1)	the morning break (1)

　全体的に見て，ある前置詞に全問正答していてもその前置詞と同一意味領域に属する他の前置詞について全問正答した参加者はほとんどなく（次の段落以下を参照），誤った前置詞の選択にも何らかの明らかな傾向は見られなかった[18]。

　まず場所を表す前置詞 *at/in/on* についてはこの3つの前置詞すべてに全問正答した参加者はいなかった。誤りの多いところを見ると，*at* を選択すべき箇所での *in* の選択が11例あり，その中の補部名詞句では *the sports hall* が5例であった。逆に，*in* を選択すべき箇所での *at* の選択は12例あり，その際に誤りの多かった補部名詞句は *the mountains*（8例）であった。さらに，*at* を選択すべき箇所で *on* を選択したのは8例（6名）であり，補部名詞句の内訳を見ると，*the door* が3例，*the hotel* が1例，*the window* が4例であった。

　次に時の前置詞 *at/in/on* を見よう。*at* と *in* の両方を正しく選択できたのは3名であった。誤りの多いところでは，*on* を選択すべき箇所での *at* の選択が14例，*in* の選択が9例，*for* が6例あり，特定の日を表す *on* の代わりに *at* や *in*，*for* を誤用する傾向が見られた。さらに，*at* を選択すべき箇所での *in* の選択が14例あり，その名詞句は *midnight* と *noon*，*the end of July* が各3例，*the present time* が5例であった。

　期間を表す *during* と *for* では，*during* と *for* の両方を正しく選択したのは1名であった。*during* の全問正答者が4名であったのに対し，*for* の全問正答者は13名であった。*during* の代わりに *for* を誤って選択した例が16例と顕著であった。この16例の補部名詞句を見ると，*the last ten years* が9例，*the morning break* が2例，*the week* が5例であった。

　次に表11を見よう。概ね表10と同じ項目であるが，「前置詞と共起する動詞」の欄が異なる。この欄には不正解の問題に使用されていた動詞とその誤りの事例数が記されている[19]。

18　場所の *at* を選択すべきところで4問すべてに *on* を選択した参加者が1名いた。
19　*for* には全問正答者がいなかったため，誤りのタイプ等の欄は空欄にしてある。

表 11　各前置詞の誤りのタイプと当該前置詞と共起する動詞

	タイプ	誤りのタイプ	延べ数 （人数）	前置詞と共起する動詞
期限・ 期間の 終点	by (6)	until → until	1（正答）	
		until → by	5 (4)	stay (3) / will not be able to withdraw (2)
		until → during	1 (1)	stay (1)
		until → for	3 (3)	wait (3)
	until (5)	by → by	1 (1)	
		by → for	4 (2)	return (1) / finish (1) / pay (2)
		by → until	8 (3)	return (2) / tell (3) / finish (2) / pay (1)
方向・ 着点	for (0)			
	to (7)	for → from	5 (4)	start (2) / head (1) / leave (2)
		for → in	5 (2)	start (3) / depart (1) / head (1)
		for → to	13 (7)	start (1) / depart (4) / head (3) / leave (5)

　期間・期限の終点を表す *by* と *until* について，両方を正しく選択したのは 1 名であった。誤答の多いところでは，*until* を使用すべき箇所での *by* の選択が 5 例，*by* を使用すべき箇所での *until* の選択が 8 例と，*by* と *until* の間での選択の誤りが顕著であった。さらに，*until* を使用すべき箇所で *for* を使用する例が 3 例あった。

　最後に方向・着点を表す *for* と *to* を見たい。*for* の全問正答者はなかった。*for* を選択すべき箇所での *to* の選択が 13 例，*from* が 5 例，*in* が 5 例であった。特定の動詞の場合に誤りが観察される傾向はなかった。上記の結果をまとめると以下の 5 点に集約される。

[まとめ]
①同一意味領域内の前置詞すべてに全問正答した参加者はわずかであった。
②4 問すべてに同一の誤った前置詞を選択した者が 1 名いた。
③同一意味領域内の前置詞において一方の前置詞の全問正答者数の方が他方の前置詞の全問正答者数よりも多かった。
④ある前置詞を選択すべきところで特定の誤った前置詞を選択する傾向が見られた。
⑤前置詞の選択に特定の補部名詞句が関わっていると思われる例があった。

5. 考察

　ここで本研究のリサーチ・クエスチョンに戻ろう。(18a)の「日本語を母語とする英語学習者は前置詞と補部名詞句の意味素性を一貫して一致できるか」については，一貫して一致できる場合を各前置詞の4問すべての問題に正答した場合と仮定した。場所を表す *at/in/on*，時を表す *at/in/on*，期間を表す *during/for* のいずれについても全問正答者がいたため，素性照合のメカニズムが働き，前置詞と補部名詞句の意味素性を一貫して一致できることになる。

　(18b)の「動詞と前置詞の意味素性を一貫して一致できるか」については，期限・継続期間の終点を表す *by* と *until*，着点を表す *to* には全問正答者がいたが，方向を表す *for* には全問正答者がいなかった。このことから(18b)には動詞の意味素性と前置詞の意味素性を一貫して一致できる場合と，そうでない場合があることになる。全体的に全問正答者数の割合が高くなかったため，動詞と前置詞，前置詞と補部名詞句の素性照合は少なくとも本研究の参加者には容易ではないことが判明した。特に，方向を表す *for* の意味素性は動詞の意味素性と一致させるのが難しいことが判明した。

　(18c)の「前置詞の手前の動詞や補部名詞句の意味素性が影響を与えるか」については，前置詞の選択に特定の補部名詞句が関与していると思われる例があった(＝まとめ⑤)。一つ目は補部名詞句が *midnight, noon, the end of July, the present time* の4つの名詞(句)の手前に *in* を選ぶ傾向があったことである。これらの名詞(句)はそれぞれ「真夜中」「正午」「7月末」「現在」という日本語表現に相当し，「幅のある時間帯」と解釈された可能性がある。たとえば「真夜中」を0時から2時のような幅のある時間帯と捉えたとすると，*midnight* の中に [＋ inclusion] という意味素性を見出し，*in* の持つ意味素性と一致させてしまう。その結果，*in* を選択したと推測される。

　二つ目は場所を表す補部名詞句が建物名詞の場合である。建物名詞はそれをどのように捉えるかによって *at* と *in* のどちらとも共起する。

(20)　It's always cold *in Sue's house*. The heating doesn't work very well.

(21)　Did you see the Olympic opening ceremony *at the sports hall*?

　(20)のように建物内部を指す場合には *in* が使用され，(21)のように地

点・位置として扱われるときには *at* が使用される。しかし，*in* が選択される傾向が見られた。建物名詞であることを頼りにして前置詞が選択された可能性がある [20]。つまり，建物名詞は常に［＋ inclusion］の意味素性を持つという過剰般化を行ったために *in* が選択されたと考えられる。逆に，(22) が示すように，補部名詞句が建物名詞ではない事例 (*mountains*) では，*in* を選択すべき箇所での *at* の選択が 8 例あった。この場合は *mountains* が建物名詞ではないため，［＋ inclusion］を見いだせなかったと推測される。

(22)　Last year we had a wonderful ski trip *in the mountains*.

上記の事実から補部名詞句の持つ意味素性が前置詞の選択に影響を与えたと考えられる。さらに，意味素性ではないが，手前の動詞が前置詞の選択に影響を与えたと考えられる事例がある。

(23)　The old man spends most of the day *sitting at* the window and looking outside.
　　　　　(*at*: 31.1%　*in*: 13.3%　*on*: 51.1%　*for*: 4.4%)
(24)　I think I'll *wait until* Thursday before making a decision.
　　　　　(*by*: 11.1%　*during*: 0%　*until*: 35.6%　*for*: 53.3%)

先に見たように，*at* の代わりに *on* を誤って選択したものが 8 例あった。その例文が (23) である。参加者全員の中で *on* を選択した割合は 51.1% であった。これは手前の動詞が *sit* であることから *sit on* という熟語と捉えたと推測される。同様のことが (24) にも当てはまる。(24) では，*by* の全問正答者 6 名の内，*for* を誤って選択したものが 3 例あった。さらに，参加者全員の中で *for* を選択した割合は 53.3% であった。これも手前の動詞 (*wait*) が影響を与え，*for* を選択させたと考えられる。
　では，なぜ補部名詞句のタイプや手前の動詞を頼りに前置詞を選択するのだろうか。その要因の一つは前置詞のある意味素性が未構築であったり，意味素性の値が設定されていないために，利用できる他の情報を利用するから

20　須田・岡村 (2019) では *at* の補部名詞句の典型例として建物名詞を挙げている。

だと推測される。前置詞の意味素性が構築されていない場合にどのような現象が観察され，その現象がどのように説明されるかを言語習得の観点から考えたい。

　まず，2.3 で見た照合の一致が正しくできるのはある一定の年齢に達した英語母語話者である。英語母語話者であっても，言語習得の開始段階においては前置詞のすべての意味素性が未構築である。周りで話されている英語に晒されることにより，各意味素性が構築され，その意味素性の値が未設定の状態から特定の値に設定されていく。

　第二言語習得の場合，特に母語に前置詞がない言語の母語話者（たとえば日本語母語話者）が英語を習得する場合には，各前置詞の意味素性とその値は英語母語話者と同様に未構築の状態から始まると推測される[21]。この推測が正しければ，日本語を母語とする英語学習者の前置詞の発達初期段階はある意味素性が構築されていない可能性がある。たとえば，場所を表す *at* の意味素性が {[+place][+point]} のように，*in* と *on* の中核的意味素性（[inclusion] と [contact]）が構築されていない場合や，{[+place][+point][$_u$inclusion][$_u$contact]} のように，ある意味素性に値が設定されていない場合が考えられる[22]。このような段階では *in* を使用すべきところで *on* や *at* を選択し，時には場所以外を表す前置詞を選ぶと予測される。実際に表 11 が示すように，*at* の全問正答者は *in* を使うべきところで *at* や *on* を選択し，4 問すべてに同じ前置詞を誤って選択した参加者が 1 名いた（＝まとめ②）。

　では，なぜ特定の前置詞のみ全問正解できたのだろうか。それは当該前置詞の中核をなす意味素性（たとえば場所を表す *at* であれば [+point]）と補部名詞句の中の意味素性が一致したからだと考えられる。前述したように，場所を表す *at* が持つ [+point] 以外の意味素性が未構築であったり，意味素性が構築されていてもその値が未設定である場合，学習者が利用できる意味素性は [+point] だけである。この利用できる意味素性のみを一致させて全問正答したと考えられる。つまり，同一意味領域内の前置詞の一つに全問正解したとしても，その前置詞の意味素性のすべてが構築されていて，その意味

21　意味素性の中には母語と類似したものが存在している可能性はあるかもしれない。

22　下付き文字の *u* は当該意味素性の値が未指定であることを示す。

素性に正しい値が設定されているわけではないことが示唆される。

　前置詞の意味素性の構築とその値の設定は英語のインプットに晒されることにより，徐々に設定される。最終的に各前置詞の意味素性が正しく構築され，その意味素性に正しい値が設定されるのは同一意味領域内の前置詞をすべて正しく選択できる（＝前置詞の使い分けができる）ようになった段階である。つまり，本研究の参加者は発達の初期段階にあるため，同一意味領域内の前置詞のすべてに全問正答できたのはわずかであった（＝まとめ①）と推測される。習得の完了に至るまでに学習者はインプットに晒されながら，前置詞の意味素性を組み替えたり，（暫定的に）構築した意味素性の値の設定を変更していく。この過程でまとめ③と④が観察されたと言えよう。

　結果のまとめ③から見よう。期間を表す *during* と *for*，方向・着点を表す *to* と *for* の全問正答率を見ると，いずれの場合にも前者の方が後者よりも高かった。*during/for* の事例を取り上げて説明したい。*during* と *for* は［＋period］の意味素性を共有し，*during* には「＋ definite」が，*for* には「－ definite」が設定される。一方の意味素性とその値が設定されていれば，他方の意味素性が未設定であったとしても照合は可能であるため，［definiteness］に「＋／－」の値が設定されなくても，［＋ period］が設定されていて，補部名詞句が期間を表している名詞句だと分かれば *for* を選択することができる[23]。

　さらに，*during* を選択すべきところで *for* の選択が多かった（＝まとめ④）のは *during* を正しく選択するためには，二つの意味素性とその値がすべて構築・設定されなければならないが，本研究の参加者の場合にはまだ［＋period］という一方の意味素性の値しか設定されていなかったために，*the last ten years* や *the morning break*, *the week* の場合に *during* を選択できなかったと説明される。

　このように，前置詞を意味素性の集合体であると捉えることにより，前置詞を単体として捉えた際には見えなかった学習者の前置詞の誤りの原因が見えてくる。学習者の前置詞の誤りの原因の一つは前置詞の意味素性が未構築

23　*for* の方が *during* よりも選択率が高い理由の一つにインプットの頻度が影響を与えている可能性が考えられる。

であったり，意味素性の値が設定されていないことにある。意味素性の構築とその値の設定には質・量ともに十分なインプットが欠かせない。さらに，意味素性やその値が設定できたとしても，手前の動詞や補部名詞句の中に前置詞の意味素性とその値に一致する素性が見いだせなければ前置詞を正しく選択することができない。

6. おわりに

　本章では，日本語を母語とする英語学習者を対象になぜ類似した意味を持つ前置詞の選択を誤るのかということを考察し，前置詞とその前後の要素との間に意味素性の一致関係を見いだせないことが原因だと説明した。一致関係が見いだせない場合には二つの場合がある。一つはある前置詞を構成する意味素性の組み合わせが間違っていたり，各意味素性の値が正しく設定されていない場合である。もう一つは前置詞の手前の動詞や前置詞の補部名詞句の意味素性の中に前置詞と一致する意味素性が見いだせない場合である。前置詞とその前後の関係についてはさらに詳細な調査が求められる。

【外国語教育に関わる人が知っておくべきポイント】
・ 前置詞を意味領域に分け，同一の意味領域に属するそれぞれの前置詞が持つ意味素性を考えることにより意味の違いを明確にできる。
・ 前置詞の意味素性とその値の設定には，学習者自らが気づき，意味素性の組み換えや値の設定値を変更する必要があるため，質・量ともに十分なインプットを要する。
・ 前置詞の誤りはその前後の要素により影響を受ける。

【執筆者から読者へのメッセージ】
　学習者の誤りは私たちに多くのことを教えてくれます。一見バラバラに見える誤りであっても，誤りを丁寧に分析すれば何らかの傾向が見えてきます。誤りの傾向と研究によって明らかにされてきた知見と照らし合わせれば，学習者の誤りの原因がどこにあるのか発見できることもあります。誤りの原因が分かればその原因に特化した指導を行うこともできます。

付　記

本研究は科学研究費補助金事業 2020 年度〜 2023 年度基盤研究（C）（課題番号 20K00852:「前置詞の習得困難度要因に基づいた指導の効果検証」研究代表者 吉田智佳）の助成を受けている。

参照文献

安藤貞雄（2012）.『英語の前置詞』開拓社.

Bong, H. K.（2009）. *A minimalist model of language acquisition: Economical parameter setting in second language acquisition.* VDM Verlage Dr. Müller.

Bong, H. K.（2014）. The feature reconstruction hypothesis: Examining SLA studies on the English preposition 'with'.『信州大学人文社会科学研究』*8*, 48–63.

Bong, H. K.（2016）. Differential difficulty: Second language acquisition of English prepositions. 『信州大学人文社会科学研究』*10*, 52–67.

Chomsky, N.（1995）. *Minimalist program.* The MIT Press.

Hayashi, M.（2001）. The acquisition of the prepositions 'in' and 'on' by Japanese learners of English. *JACET Bulletin, 33*, 29–42.

Hayashi, M.（2008）. *Second language acquisition of English prepositions.* Eihosha.

影山太郎・Brent de Chene・日比谷潤子・Donna Tatsuki.（2004）. *First step in English linguistics.*（2nd ed.）くろしお出版.

UCLES.（2001）. *Oxford quick placement test.*

Quirk, R., Greenbaum, S., Leech, G., & Svartvik, J.（1985）. *A comprehensive grammar of the English language.* Longman.

須田孝司・岡村明夢（2019）.「高等学校における英語教育が日本人英語学習者の前置詞の習得に与える影響」『国際関係・比較文化研究』*17*(2), 1–11.

須田孝司・吉田智佳・白畑知彦（2018）.「日本人大学生の英語前置詞選択に関する一考察」全国英語教育学会口頭発表. 第 44 回全国英語教育学会（京都研究大会）.

Yamaoka, T.（1995）. A prototype analysis of the learning of "on" by Japanese learners of English and the potentiality of prototype contrastive analysis（part 1）. *Hyogo University of Teacher Educational Journal, 15*, 51–59.

Yamaoka, T.（1996）. A prototype analysis of the learning of "on" by Japanese learners of English and the potentiality of prototype contrastive analysis（part 2）. *Hyogo University of Teacher Educational Journal, 16*, 43–49.

吉田智佳（2021）.「日本語を母語とする英語学習者の前置詞習得における母語の影響」『天理大学学報』*72*(2), 1–20.

6
英語の使役事象の習得
—Why not "The window broke with a stone"?—

平川眞規子

1. はじめに

　第二言語 (L2) 習得研究では，動詞の項構造[1]の習得の点から多くの研究が行われてきた[2]。本章では，これまでの研究成果を基に，新たな視点から日本語を母語とする英語学習者による「使役事象 (Causing Event)」の習得を探ることにしたい。具体的には，(1) 〜 (3) にあるように，自動詞と下線部の前置詞句が表す「使役事象」が同一文で共起できるか否か，日英語における共起性の違いに着目する[3]。

(1) a.　The door opened <u>by itself</u>.
　　b.　ドアが<u>ひとりでに</u>開いた。
(2) a.　*The door opened <u>by the wind</u>.
　　b.　ドアが<u>風で</u>開いた。
(3) a.　*The door opened <u>with this key</u>.
　　b.　ドアが<u>この鍵で</u>開いた。

　例文中の「opened・開いた」は自動詞として用いられている。自動詞は，例えば「ドアが開く」という出来事を引き起こす「使役主 (Causer)」が想定されない場合に用いられるのが一般的である。したがって，出来事の様態を

1　項構造については 2 節参照。大津・今西・池内・水光監修 (2022) 第 7 章なども参考になる。
2　Hirakawa (2003)，近藤 (2019)，白畑 (2015)，白畑他 (2020)，Yip (1995) など。
3　例文に付く *は，文が非文法的 (非文) であること，✓は文法的 (正文) であることを示す。

より詳しく説明する修飾表現として，（1）のように「by itself・ひとりでに」という副詞句であれば「使役主が存在しない」という意味に合致するので，自動詞文と共起できると考えられる。しかし，（2）（3）が示すように，使役主が「wind・風」や「key・鍵」の場合，日本語では共起できるが，英語では共起できない。この違いはいったいどのように説明されるのであろうか。

　本章では，動詞の表す出来事を引き起こす「使役主」のうち，原因や手段などを「使役事象（causing event）」と呼ぶことにする[4]。言語間に見られる「動詞と使役事象の共起性」の違いを形態統語的に捉えた Pylkkänen（2008）による分析を採用し，L2 知識について検討する。以下では，まず 2 節で，（1）〜（3）に見られる日英語の違いを捉えた通言語的観点からの提案「Voice-bundling Parameter」の概略を説明する。3 節では，実験の背景として，動詞の L2 習得に関する 3 つの先行研究を取り上げる。4 節では，動詞と使役事象との共起性に関する実験とその結果を報告し，5 節で実験目的と予測に照らして L2 知識について考察する。6 節で，本章のまとめを行う。

2.　使役構造への通言語的アプローチ― Pylkkänen（2008）

　言語学では，述語（predicate）の情報を補う要素を項（argument）と呼ぶ。動詞の項構造（argument structure）には，動詞の表す出来事に関わるヒトやモノなどの項と，各項が担う主題役割（theta-role）や統語的に導入される位置に関する情報が含まれると考えられている。例えば，他動詞 open は対象（theme）の主題役割を担う内項 1 つと動作主（agent）の主題役割をもつ外項 1 つからなる項構造をもつ。基底構造では外項に対応する名詞句は文の主語位置に，内項に対応する名詞句は動詞の補部の目的語位置に導入される。open には自動詞としての用法もあるので，外項は必ずしも文中に具現化される要素ではない。自動詞 open は，目的語に導入された名詞句が表層構造で主語位置に移動すると分析される[5]。他動詞と自動詞の構造を（4）に示す。

4　一般的に使役文には語彙的使役（lexical causative）と生産的な統語的使役（syntactic causative）があると分析されている（Shibatani, 1976, Kuroda, 1993）。本章で取り上げる使役文は，前者に該当する。詳細は 2 節参照。
5　語と語が結びつき，句を成す。動詞句（Verb Phrase, VP）の中心的な要素は主要部（Head）V で，V が要求する目的語の占める構造的位置を補部（complement），主語が導入される

(4) a.　他動詞 open
　　　＜基底・表層構造＞　[動作主　John 　] 　[$_{VP}$ opened [対象 the window]]
　　b.　自動詞 open
　　　＜基底構造＞　　　　[　　　　　　] [$_{VP}$ opened [対象 the window]]
　　　＜表層構造＞　　　　[対象 The window] [$_{VP}$ opened [対象 ~~the window~~]]

　Pylkkänen (2008) は，動詞がどのような出来事を表しているのか，またその出来事に関わる「誰が」「どのように」という補足情報が導入されていく仕組みを全て統語構造上で捉え，言語間の差異について「パラメータ[6]」(Voice-bundling Parameter) を提案している。以下では，日英語の違いに焦点を置きながら，その概略を説明する。

　例えば，(5) の他動詞文において，意味的に「動作主」を担う主語 John と「使役事象」を担う主語 the wind は，従来の統語理論ではともに外項として，同一の機能範疇により導入されると分析されてきた[7]。

(5) a.　John opened the window.　（John = 動作主）
　　b.　The wind opened the window.（the wind = 使役事象）

しかし，Pylkkänen (2008) はこのような分析では説明できない日本語やフィンランド語に注目し，動作主と使役事象は異なる機能範疇により導入されると考え，Voice と Cause という 2 つの機能範疇を提案した[8]。使役文は Cause

---

　位置は指定部 (specifier) と呼ばれる。動詞句の補部に内項が導入され，指定部に外項が導入されることで，文は階層構造を成す。通常，文は Tense を主要部とする時制句 (Tense Phrase) と分析されるが，(4) では省略している。Pylkkänen (2008) の提案は，この階層構造をより精緻化したものである。

6　普遍文法 (Universal Grammar, UG) に対する一つのアプローチとして，「全ての言語に具現化される原理 (Principle) と言語間の変異を許すパラメータ (Parameter, 可変部)」という考え方がある (Chomsky, 1986)。

7　*v* ("little v") (Chomsky, 1995) や Voice (Kratzer, 1996) など。

8　外項と使役事象を導入するために異なる機能範疇を想定する分析は他にも存在する (Alexiadou, Anagnostopoulou & Schäfer, 2006, Fujita, 1996, Travis, 2005 など)。

を主要部にもち，補部に非使役述部（noncausative predicates）をとり，使役事象を導入する。加えて，Voice は外項を導入する機能範疇で，使役事象と外項は独立している。さらに，2つの機能範疇が束（bundle）となり1つの主要部として統語構造に存在するのか，独立して存在するのかにより，言語間の差異が生じると分析する。英語は Voice と Cause が束になる言語（6），日本語は束にならず，それぞれが独立している言語（7）である。

(6)　Voice-bundling causative（e.g., English）[9]

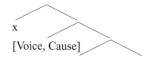

(7)　Non-Voice-bundling causative（e.g., Japanese）[10]

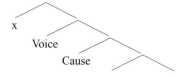

　外項と使役事象を区別するテストの一例を見てみよう。受身文は，動詞の表す出来事の「対象」に意味的な焦点が置かれるため，主語位置に「対象」を担う目的語があらわれる。同時に，(8) にあるように，「by 〜・〜によって」を用いて外項（動作主）を明示することも可能である。(9) の「rot・腐る」は非対格動詞と呼ばれる自動詞で，そもそも外項をもたないため，「動作主（Hanako, 花子）」と共起できないことが説明できる。さらに，(10) は動名詞を含む使役事象「by ~ing」の例で，英語では他動詞と共起できても，自動詞とはやはり共起できない[11]。

(8)　a.　The diary was read <u>by Hanako</u>.

9　Pylkkänen, 2008, p. 84（10a）
10　Pylkkänen, 2008, p. 84（10b）
11　Pylkkänen, 2008, p. 132（117）

　　b.　日記が花子によって読まれた。

（9）a.　*The vegetable rotted by Hanako.

　　b.　*野菜が花子によって腐った。

（10）a.　I cooled the soup by lowering the temperature.

　　b.　*The soup cooled by lowering the temperature.

　　c.　Going outside cooled me.

　　d.　*I cooled by going outside.

　まとめると，Pylkkänen（2008）によれば，すべての使役文は Cause を含み，使役の意味は，動詞に内在するのではなく統語構造上で生成される[12]。英語は Cause が Voice と束になって結びつくため，使役事象のみを導入する主要部が存在しない。したがって，必ず外項が導入される。対照的に，日本語は Cause と Voice が独立しているので，外項に加えて使役事象を導入することが可能である。以下 4 節では，英語において自動詞や他動詞と使役事象が共起できるかどうか，その共起性に関する L2 知識について，英語学習者を対象にした実験を行う。

3.　動詞に関する L2 の知識について，先行研究が示すこと
3.1　2 種類の自動詞[13]
　自動詞は「非能格動詞（unergative verb）」と「非対格動詞（unaccusative verb）」に 2 分される[14]。自動詞は名詞句 1 つを項とする 1 項述語だが，2 種類の自動詞は異なる主題役割からなる項構造をもつ。非能格動詞（「歌う・sing」など）は「動作主」の主題役割を担う外項 1 つ，非対格動詞（「着く・arrive」など）は「対象」の主題役割を担う内項 1 つから成る項構造をもつ。（11）と（12）に示すように，見かけ上どちらも「主語＋動詞（と様態や場所

12　動詞の自他交替現象「壊す‒壊れる」，「他動詞 break‒自動詞 break」を語彙概念構造（Conceptual Structure）を用いて意味的に分析する立場（影山, 1996, Levin & Rappaport-Hovav, 1995）とは異なることに注意されたい。

13　この節で取り上げる L2 習得の先行研究および結果構文に関する詳しい説明は，大津・今西・池内・水光監修（2022）第 11 章や事例研究 2 などを参照されたい。

14　Burzio（1986），Perlmutter（1978）

を表す副詞句)」からなり，構造上の違いは明らかではない。

(11) a.　The guest sang loudly.　　　　（非能格動詞）
　　b.　客が大声で歌った。
(12) a.　The guest arrived at the hotel.　（非対格動詞）
　　b.　客が旅館に着いた。

　また，この 2 種類の自動詞の区別については，通常の英語や日本語の授業において，学習者に明示的に指導されることはほぼないであろう。とはいえ，英語学習者や日本語学習者は基底構造における自動詞の項の位置を区別していることが実験により示されている[15]。例えば，非能格と非対格の構造上の区別を示す現象の 1 つに，「結果構文」が挙げられる。

(13) a.　John melted the iron <u>hot</u>.　（他動詞）
　　b.　*John sang <u>tired</u>.　　　　（非能格動詞）
　　c.　The lake froze <u>solid</u>.　　　（非対格動詞）

(13) は，英語において動詞が表す行為の結果，状態変化が生じ，その変化後の状態を表す結果句 (hot, tired, solid) を含むので，「結果構文」と呼ばれる。結果句は，他動詞の目的語を修飾できるが，主語を修飾できない。(13a) は，「John が鉄を溶かすことにより鉄が熱くなった」のであって，「John が熱くなった」のではない。結果句を自動詞とともに用いた場合，「湖がかちかちに凍った」(13c) と非対格動詞の主語は修飾できるが，「John が歌って疲れた」(13b) という意味には解釈できない。つまり，結果句は非能格動詞の主語を修飾できないのである。非対格動詞の見かけ上の主語が他動詞の目的語と同様の振る舞いをする現象であり，見かけ上の主語が基底構造では目的語であったと分析することで，この非対称性が説明できる。
　Hirakawa (2003) では，日本語を母語とする英語中級学習者と英語を母語とする日本語中級学習者を対象に，それぞれの言語の結果構文を用いて非対

15　Hirakawa (1999, 2001, 2003)

格動詞に関する実験を行った。その結果，学習者は非対格動詞の見かけ上の主語が結果句と共起できる一方で，非能格動詞の主語は結果句と共起できないという知識をもち，2 つの自動詞を区別したと報告している。すなわち，非対格動詞と非能格動詞の項が基底構造では異なる位置にあるという統語的知識を有していたのである。4 節では，非対格動詞および非能格動詞を使って実験文を作成するが，参加する英語学習者には 2 種類の自動詞の基底構造の知識が備わっていると考えられる。

3.2　非対格動詞に見られる典型的な誤りとその要因

　L2 学習者が非能格動詞と非対格動詞を区別していることを示すもう 1 つの証拠として非対格動詞のみに観察される「過剰受動化」の誤りがある[16]。

(14) a.　*My daughter seems to believe that Santa Clause is existed.
　　 b.　*You will notice that many year-end gifts have been arrived.

(14) は，日本語を母語とする英語学習者が非対格動詞 exist, arrive に「be 動詞 + 動詞の過去分詞形」を使用し，一見すると受動文のように見える文を産出した誤りである。このような自動詞を受動化した誤りは「過剰受動化」と呼ばれ，日本語母語話者だけでなく，中国語やイタリア語など多くの言語を母語とする英語学習者，また習熟度の高い上級学習者にも観察されることがわかっている[17]。さらに，興味深い点として，この過剰受動化の誤りは非対格動詞にしか見られず，非能格動詞にはほとんど観察されない[18]。

　この誤りの要因として様々な提案があるが，その一つに「他動詞分析」がある[19]。(15) は自他交替する動詞 melt の他動詞文とその受動文である。(16) は自他交替しない自動詞 appear のため，受動文は不可能である。しかし，L2 学習者は melt のような例に倣い appear を自他交替すると考えるか，または母語で自他交替するために（「溶ける vs. 溶かす」「現れる vs. 現す」）英語

16　千葉 (2021, pp. 2–3)
17　Oshita (2000, 2022)
18　Hirakawa (2003), Ju (2000), 近藤 (2019), 白畑他 (2020), Yusa (2003) など
19　Balcom (1997), 白畑 (2015), Yip (1995)

でも他動詞を想定し，誤って受動文を産出してしまうと分析する。

(15) a. John melted the butter.　　　　　　　　（他動詞用法）
　　 b. The butter was melted by John.　　　　　（受動文）
(16) a. *The crown appeared a rabbit from the box.　（他動詞用法）
　　 b. *A rabbit was appeared from the box.　　　（過剰受動化）

言い換えると，L2 学習者は母語で対応する語彙を基に L2 の語彙を一つずつ解釈していくという分析であるが，初級学習者ならばともかく，上級学習者に見られる誤りの説明としては十分な分析とはいえないだろう。

　また，他動詞分析への反論となる報告もある。Hirakawa (1995, 2003) では，文法性判断テストの結果，(16b) の文を誤って許容する学習者が必ずしも (16a) の文を容認しなかったと報告している。2 節で見たように，Pylkkänen (2008) によれば，日本語と英語の違いは機能範疇 Cause が独立した存在であるか否かという点にある。日本語を母語とする英語学習者は，L1 の影響を受けた場合，非対格動詞と自然現象や手段を含めた「使役事象」の共起を許す誤りが予測される（例えば，*The window broke with a stone.）。4 節の実験では，この予測を検証する。

3.3 「動作主」の概念化

　過剰受動化の誤りの要因について，Ju (2000) は「概念化される動作主 (conceptualizable agent, CA)」の存在を挙げる [20]。自動詞を用いる際，学習者が動詞の表す出来事を引き起こした動作主を概念化し易いほど，その動作主を文の主語とした他動詞文を想定し，その結果，過剰受動化が生じると唱える。これは，語用論的「他動詞分析」と呼べるだろう。CA には「外的使役 (External causation)」と「内的使役 (Internal causation)」があり，前者は後者よりも動作主を思い浮かべやすく，他動詞化の影響をより受け易くなるという仮説である。例えば，戦闘機の攻撃を受けた状況（外的使役，17a）と船自

20　その他，NP 移動分析 (Oshita, 2022, Zobl, 1989)，完結性（近藤, 2019, 白畑他, 2020, Yusa, 2003），主語の有生性 (Otaki & Shirahata, 2017, 白畑他, 2020) などが提案されている。

体が古く錆が生じ亀裂が生じ始めている状況（内的使役，17b）の 2 つの文脈を用意し，各文脈に続く文として自動詞形と受身形のうち（17c）どちらがより文法的か，学習者に判断させるという実験が行われた。外的使役文脈の場合，より多くの過剰受動化の誤りが生じると予測された [21]。

(17) a.　A fighter jet shot at the ship.　　　　（外的使役）

　　 b.　The rusty old ship started breaking up.　（内的使役）

　　 c.　→ The ship（sank/was sunk）slowly.

中国語を母語とする中級レベルの英語学習者 31 名の実験結果より，仮説が立証されたと結論づけられているが，問題点も指摘されている [22]。実験には sink など自他交替可能な 13 の動詞が含まれ，それらは「自動詞文のみが正しい」として結果が分析された。しかし，実際には他動詞文も文法的であるため，受動文を非文として完全に排除することはできないはずである。Kondo（2005）では，自動詞文のみが自然になるように，(18) に示すとおり「by itself, on its own」をテスト文に追記して実験文を改善し，日本人の中級から上級レベルの英語学習者 11 名を対象に再実験を行った。その結果，外的使役と内的使役の文脈による違いはなかったと，報告している。

(18)　The ship sank slowly by itself.

　したがって，学習者が「外的使役」を概念化し易い場合に，誤って他動詞を基にした過剰受動の誤りが生じるという Ju（2000）の主張は問題が残る。

4.　実験

4.1　目的と仮説

　本実験では，第一に「日本語を母語とする英語学習者は，非対格動詞と使役事象が共起できないことを正しく理解しているか」，第二に「母語の影響

21　Ju（2000, p. 92）。この区別は，Levin & Rappaport-Hovav（1995）の提案に基づく。

22　Kondo（2005），Oshita（2022）などを参照。

を受けて誤りが生じる場合，学習者の習熟度が上がるにつれ，誤りは減少するか」を調べることを目的とする。「完全転移・完全アクセス仮説[23]」の下，L2 習得は母語の影響を受けると考え，2 つの予測をする。第一に Voice-bundling Parameter について，学習者は L2 習得の初期において L1 を転移させ，英語も日本語と同様に Voice と Cause が独立する Non-Voice-bundling として，非対格動詞と使役事象が共起できると考える（予測 I）。第二に，学習者は UG の原理に則して L2 知識を獲得しようとするため，習熟度が上がるにつれて，この誤りは減少する（予測 II）。

4.2 参加者

　日本語を母語とする英語学習者 30 名および英語母語話者 10 名が実験に参加した。学習者は日本で英語を専攻する大学 1～3 年生で，英語の習熟度により中級(下)，中級(上)，上級の 3 レベル（各 10 名）に分けられた[24]。なお，中級 (下) と中級 (上) レベルには大学 1 年生，上級レベルには大学 2～3 年生が該当し，事前に受験済みであった CASEC または TOEIC のスコアをもとに習熟度を判定した。なお，英語母語話者は実験参加時，北米の大学生であった（平均年齢 21.6 歳）。

4.3 実験方法

　実験では，与えられた英文の自然さを判断する容認度判断タスクを用いた。参加者は，(19) に示すように，A と B の会話文を読み，A に続く文として下線が引かれた B の自然さを「1 (不自然) ～ 7 (自然)」の 7 段階のスケールから選び，該当する数字を○で囲むように指示された[25]。

(19)　A: What happened?

23　Full Transfer/Full Access Hypothesis（Schwartz & Sprouse, 1996）については，White（2003）3.2.1 を参照。
24　各学習者グループ（年齢，習熟度スコア，学習歴の平均値）：中級 (下) (19.2 歳 , CASEC 530.1, 8.1 年)，中級 (上) (19.3 歳，CASEC 587.0, 7.9 年)，上級 (21.4 歳，TOEIC 651.1, 9.3 年)。
25　予備実験の結果より，母語話者でも判断の揺れが予想されたため，本実験では，文法性を問うのではなく，与えられた文脈における文の自然さを判断するように求めた。

B: The window broke with a ball.

1	2	3	4	5	6	7

（unnatural）　　　　（in-between）　　　（natural）

　表1に各タイプの文構造（動詞の種類）と使役事象の種類，英語および日本語の容認度 N（= Natural, 自然），U（= Unnatural, 不自然）を示す。テスト文には，Type A から Type D の4種類各10文（N と U 各5文），統語テストとして Type E（N）と Type F（U）各5文，合計50文が含まれた。これらをランダムに並び替えた2つのバージョンが用意された。Type A から Type C には，使役事象として動詞の表す出来事を引き起こす要因となる「by〜」または「with〜」が含まれた。Type D は，自他交替しない他動詞を基にした受身文（N）とその自動詞文（U）である。(20) 〜 (25) にテスト文の例と対応する日本語文を示す。表1からもわかるように，日本語では全タイプが容認される。英語の実験文は，自然な文と不自然な文が同数になるように，立案された。

表1　実験に用いたテスト文

タイプ	文構造	使役事象の種類	英	日
A（N）	非対格	by oneself	N	N
A（U）	非対格	by 名詞	U	N
B（N）	他動詞	by ~ing	N	N
B（U）	非対格	by ~ing	U	N
C（N）	自他交替の他動詞形	with 名詞	N	N
C（U）	自他交替の自動詞形	with 名詞	U	N
D（N）	他動詞の受動化	無	N	N
D（U）	他動詞の自動詞化	無	U	N
E（N）	非対格	無（統語テスト）	N	N
F（U）	非能格の使役化	無（統語テスト）	U	N

(20)　Type A（N）と Type A（U）

　　a.　ˇThe laundry dried by itself.
　　　　（ˇ洗濯物が自然に乾いた。）

    b.　*The laundry dried by the good weather.

       （ˇ洗濯物が良い天気で乾いた。）

(21)　Type B（N）と Type B（U）

    a.　ˇLuke stopped the car by breaking suddenly.

       （ˇLuke が急にブレーキをかけて車を止めた。）

    b.　*The car stopped by breaking suddenly.

       （ˇ車が急にブレーキをかけて止まった。）

(22)　Type C（N）と Type C（U）

    a.　ˇShe cured her cold with medicine.

       （ˇ彼女が風邪を薬で治した。）

    b.　*Her cold cured with medicine.

       （ˇ彼女の風邪が薬で治った。）

(23)　Type D（N）と Type D（U）

    a.　ˇSome treasure is buried here.

       （ˇ宝物がここに埋められている。）

    b.　*Some treasure buries here.

       （ˇ宝物がここに埋まっている。）

(24)　Type E（N）

   ˇThe train just left.

    （ˇ電車がちょうど出発した。）

(25)　Type F（U）

   *John cried his sister.

    （ˇJohn が妹を泣かした[26]。）

  なお Type E と Type F は，非対格動詞と非能格動詞の知識を調べる統語テストの役割を果たしている。統語テストとは，実験に参加する学習者が実験対象となる統語構造をすでに獲得していることを確認するためのテストである。本実験の目的は，「非対格動詞と使役現象の共起性」について L2 学習者の知識を調べることである。しかし，そもそも非対格動詞の構造を理解し

26　Pylkkänen（2008）では，日本語は非能格動詞の使役構造も可能である言語として分析されている（例：赤ちゃんが泣いた→太郎が赤ちゃんを泣かした）。

ていない学習者がいた場合，Type B「非対格動詞＋by~」を排除したとして
も，本来調べるべき「使役現象とは共起できない」という知識があって文を
排除したのではなく，非対格動詞の自動詞形を正しくないと判断して排除し
た可能性が残る。まず，学習者が非対格動詞と非能格動詞を習得しているか
を確認する必要がある。先行研究結果も考慮し，Type E は非対格動詞につ
いて過剰受動化することなく「主語＋動詞」の自動詞文を許容できるか，
Type F は，非対格動詞だけでなく，非能格動詞の他動詞化を排除できるか
どうか，確認する目的で実験文を作成した。

4.4　結果

4.4.1　統語テスト

　図 1 に Type E と Type F の結果（平均値）をグループ別に示す。Type E は
非対格動詞文（N）で最大値「7」，Type F は非能格動詞文（U）で最小値「1」
が期待される値である。

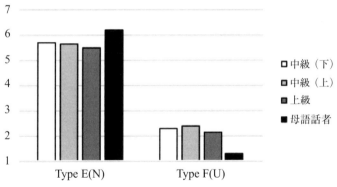

図 1　統語テスト（Type E, Type F）グループ別平均値

　図 1 からも明らかなように，英語母語話者も各学習者グループも Type E
を容認し，Type F を排除している[27]。学習者の判断は母語話者ほど強くはな
いが，どの学習者グループも両タイプの自然さ（文法性）を判断できている

27　タイプ：$F(1, 3) = 544.25$, $p < .01$, partial $\eta^2 = 0.93$, グループ：$F(3, 36) = 1.02$, *n.s.*, partial
　　$\eta^2 = 0.07$, 交互作用：$F(3, 36) = 6.19$, $p < .01$, partial $\eta^2 = 0.34$。

といえる。したがって，次節では参加者全員を分析の対象にする。

4.4.2　Type A ～ Type D の結果

　図 2 は Type A から Type D の結果（平均値）を表している。各タイプには自然な文（N）と不自然な文（U）があり，それぞれ「7」と「1」が期待される値である。N と U の平均値に統計的に有意な差があれば，学習者には 2 つのタイプを区別する知識があると判断される。なお，中間値は「4」であるため，4 に近い数値は「自然とも不自然とも言えない」判断を表している。全体結果の分析によれば，グループ間には有意差がなく，タイプ間および交互作用に有意な差が認められた [28]。

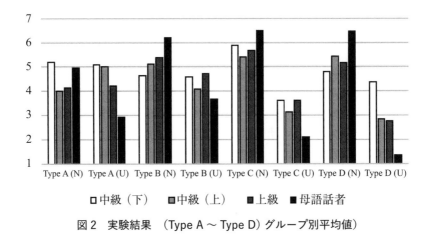

図 2　実験結果　（Type A ～ Type D）グループ別平均値）

　まず，英語母語話者の結果を見てみよう。全体的には予測通り，N を容認し，U を排除している。各タイプごとに N と U に統計的に有意な差がある [29]。ただし，Type A（U）と Type B（U）については平均値が 2.92 と 3.66 で

28　タイプ：$F(7, 21) = 57.17$, $p < .01$, partial $\eta^2 = 0.61$, グループ：$F(3, 36) = 1.31$, *n.s.*, partial $\eta^2 = 0.09$, 交互作用：$F(21, 251) = 7.63$, $p < .01$, partial $\eta^2 = 0.38$。

29　$p < .05$, 母語話者群の各タイプ（N/U）の平均値（標準偏差）：
　Type A（N/U）4.96（0.61）/ 2.92（0.98）　Type B（N/U）6.20（0.51）/ 3.66（0.48）
　Type C（N/U）6.48（0.55）/ 2.12（0.85）　Type D（N/U）6.46（0.40）/ 1.36（0.32）

期待値 1 よりも大きく，排除の程度が弱い。同時に，Type A（N）について
は平均値が 4.96 で容認度も弱い。つまり，「非対格＋ by itself」が完全には
容認されず，また「非対格＋ by 〜（名詞句または動名詞）」も完全には排除
されなかったといえる。

　次に，学習者の結果を見てみよう。Type A および Type B については，全
てのグループで N と U に統計的な有意差がなく，両タイプを区別できない
という結果となった[30]。これは，予測 I に合致している。また Type C は，ど
のレベルの学習者も N と U の平均値の差が最も大きく統計的にも有意な差
があり，両者を区別しているといえる[31]。つまり，英語の習熟度レベルに関
わらず，「with NP（medicine など）」で表される使役事象は自他交替する動詞
の他動詞形と共起するが，自動詞形とは共起しないことを理解していること
がうかがえる。ただし，U の平均値は 3.14 〜 3.62 なので，母語話者に比べ
ても容認度が高く，自動詞形と共起できないという理解は確固としたものと
はいえない。さらに Type D においては，中級（上）と上級グループは N と
U の差が大きく区別されているが，中級（下）グループの平均値には差がな
く両者は区別されていない。これは，より習熟度の高い学習者が自動詞と使
役事象の共起性について理解できるようになることを示す結果であり，予測
II に合致する。

4.5　個人結果

　次に，学習者の個別の結果を検討する。学習者の知識を実験的に調べる場
合，グループ全体としてどのくらい獲得できたかに関心が行きがちだが，本

30　$p < .05$（ボンフェローニの多重比較検定）。

31　$p < .05$（ボンフェローニの多重比較検定）。学習者群の平均値（標準偏差）：
　Type A（N）中級（下）5.21（0.84），中級（上）4.00（1.02），上級 4.15（0.85）
　Type A（U）中級（下）5.10（1.17），中級（上）5.02（1.20），上級 4.22（0.73）
　Type B（N）中級（下）4.64（1.26），中級（上）5.12（0.58），上級 5.38（0.97）
　Type B（U）中級（下）4.60（1.25），中級（上）4.08（0.93），上級 4.72（0.86）
　Type C（N）中級（下）5.88（1.11），中級（上）5.40（1.13），上級 5.66（0.80）
　Type C（U）中級（下）3.60（0.93），中級（上）3.14（1.08），上級 3.62（1.06）
　Type D（N）中級（下）4.80（1.35），中級（上）5.44（0.88），上級 5.18（1.55）
　Type D（U）中級（下）4.38（1.43），中級（上）2.84（0.88），上級 2.76（1.42）

来私たちが知りたいのは，個々の学習者の文法知識であり，調べている文法
知識を獲得している学習者がどれほどいるのか，ということである。全体結
果は，時として個々の学習者の結果を隠してしまうことがある [32]。ここでは，
各タイプの問題数が 10 問あるので，一貫して 7 文以上正答した（正解率
70% 以上の）学習者を抽出した。なお，回答が 7 段階の数値であるため，N
を「5, 6, 7」，U を「1, 2, 3」のいずれかで判断した学習者を正しく答えたと
みなしている。表 2 に，各グループ 10 人中の割合と人数を示す。

表 2　個人分析結果（タイプごとに一貫して正答した人の割合）

	中級（下）	中級（上）	上級	英語母語話者
Type A	10% (1/10)	0% (0/10)	10% (1/10)	50% (5/10)
Type B	0% (0/10)	30% (3/10)	20% (2/10)	50% (5/10)
Type C	50% (5/10)	50% (5/10)	50% (5/10)	100% (10/10)
Type D	20% (2/10)	60% (6/10)	60% (6/10)	100% (10/10)

　表 2 からわかるように，英語母語話者でも Type A および Type B では，10
人中 5 人しか期待通りの回答をしていない。Type C と Type D については，
10 人全員が一貫した回答であった。学習者については，Type C と Type D で
中級（上）と上級グループの 5 人または 6 人の学習者が一貫して正答できて
いるが，Type A と Type B については，0 人から 3 人と少ない。人数の合計
数から見ると，Type C（15 人）が最も多く，次に Type D（14 人），Type B（5
人），Type A（2 人）の順に習得がより困難であったといえる。個人結果も全
体結果の傾向にほぼ合致したものとなっている。

---

[32]　例えば，10 人の平均値が 10 点満点中 5 点の場合，全員が 5 点の場合もあれば，5 人は
10 点，5 人は 0 点というケースもありうる。2 者択一の問題の場合，前者のケースは，当
てずっぽうで回答しても得られる正解率になるため，当該項目を全く習得できていないと
判断される。一方，後者のケースでは，半分の学習者が当該項目を完全に習得していると
判断される。

5.　考察

　実験の目的に照らし合わせ，結果を考察する。第一に「日本語を母語とする英語学習者は，非対格動詞と使役事象が共起できないことを正しく理解しているか」についてであるが，Type A と Type B において学習者は非対格動詞と使役事象の共起（My great-grandfather died by the war. など）を容認する傾向を示し，排除できなかった。したがって，正しく理解していないと結論付けられる。UG のパラメータ（Voice-bundling Parameter）の観点からは，予測 I の通り，母語の影響を受け日本語と同じパラメータ値を英語にも設定したと考えることで，誤りが説明できる。ただし，Type C については，どの学習者グループも N と U の判断に統計的な有意差があり，母語話者ほどの確固とした判断ではないが，手段や道具を表す使役事象（with〜）については非対格動詞文と共起できないことを理解し始めているようである。

　第二に，「母語の影響を受けて誤りが生じる場合，学習者の習熟度が上がるにつれ，誤りは減少するか」については，習熟度が上がるにつれて一貫して正当した学習者数も増えていることから，誤りは減少していくと結論付けられる。前述したように Type A と Type B はどのレベルの学習者にも困難であったが，個別結果から少数ではあるが Type A（中級（下）1 名，上級 1 名），Type B（中級（上）3 名，上級 2 名）において，非対格動詞と使役事象が共起できないことを正しく理解している学習者がいたことがわかる。また，Type C においては学習者グループ間に有意な差はみられず，全員が正しい知識を示す一方，Type D においては，中級（下）の学習者が，中級（上）および上級の学習者に比べ，正しい判断ができないことが示された。個別結果により，Type C では各グループ 5 人，Type D では中級（下）2 名，中級（上）6 名，上級 6 名の学習者が一貫して正答したことが示された。予測 II の通り，習熟度が上がるにつれ，英語では非対格動詞と使役事象が共起できないことを理解できるようになると考えられる。

　実験参加者の人数が少ないため一般化することは難しいが，本実験の全体結果および個人結果より，習得の順序は「Type C → Type D → Type B → Type A」であることを提案したい。

6. おわりに

　本章では，英語の非対格動詞の習得について，「使役事象との共起性」に着目し，日本語を母語とする英語学習者を対象に L2 知識を調べた。Cause と Voice の機能範疇が束となる英語と異なり，Cause と Voice が独立している日本語では，非対格動詞と使役事象が共起できる。実験の全体結果および個別結果により，学習者は母語の影響を受け，英語では許されない原因や手段を表す使役事象と非対格動詞の共起性を容認してしまうことが示された。英語の習熟度が上がるにつれ，誤りが減少する傾向も確認された。

【外国語教育に関わる人が知っておくべきポイント】

・ 動詞の習得には，単に意味だけでなく，どのように文の中で用いられるのか，という知識が必要である。
・ 大きな枠組として，動詞の項構造を知る必要がある。
・ 項構造は言語によって異なり得るため，非対格動詞と原因や手段を表す「使役事象」との共起性は日英語で異なるということを理解する必要がある。
・ 非対格動詞文には「使役事象 (by~)」が共起できないことを理解することは，日本人英語学習者には特に難しい (*The laundry dried by the good weather. *The car stopped by breaking suddenly. など)。

【執筆者から読者へのメッセージ】

　言語に見られる多様性や普遍性がどのように第二言語の習得に影響を与えるかを考えることは，非常に興味深い。言語理論を受けて言語習得を考えることが重要だが，言語学習者から得られるデータを基に，言語理論の不備を指摘するなど貢献できる場合もある。言語学そして言語習得理論に関心をもって，第二言語習得のメカニズムを探求する姿勢をもつことが肝要である。

付　記

本章 4 節以降で取り上げる実験は，Suzuki 他 (2016) を基にしているが，鈴木一徳氏からはデータの再分析に関する貴重なコメントを受けている。また，編集者の中川右也氏および大瀧綾乃氏からも本章への多くの助言を受けた。ここに感謝の意を表したい。本研究は「JSPS 科研費 JP26284081, JP17H02365」および「中央大学 2021 年度在外研究」の助成を受けたものである。

参照文献

Alexiadou, A., Anagnostopoulou, E., & Schäfer, F.（2006）. The properties of anticausatives crosslinguistically. In M. Frascarelli（Ed.）, *Phases of interpretation*（pp. 187–211）. Mouton de Gruyter.

Balcom, P.（1997）. Why is this happened? Passive morphology and unaccusativity. *Second Language Research, 13*(1), 1–9. https://doi.org/10.1191%2F026765897670080531

Burzio, L.（1986）. *Italian syntax: A government-binding approach.* Reidel.

千葉修司（2021）.『学習英文法拡充ファイル』開拓社.

Chomsky, N.（1986）. *Knowledge of language: Its nature, origin and use.* Praeger.

Chomsky, N.（1995）. *The minimalist program.* MIT Press.

Fujita, K.（1996）. Double objects, causatives, and derivational economy. *Linguistic Inquiry, 27*(1), 146–173.

Hirakawa, M.（1995）. L2 acquisition of English unaccusative constructions. In D. MacLaughlin & S. McEwen（Eds.）, *Proceedings of the 19th Boston University Conference on Language Development*（pp. 291–302）. Cascadilla Press.

Hirakawa, M.（1999）. L2 acquisition of Japanese unaccusative verbs by speakers of English and Chinese. In K. Kanno（Ed.）, *The Acquisition of Japanese as a Second Language*（pp. 82–113）. John Benjamins.

Hirakawa, M.（2001）. L2 acquisition of Japanese unaccusative verbs. *Studies in Second Language Acquisition, 23*(2), 221–245. https://doi.org/10.1017/S0272263101002054

Hirakawa, M.（2003）. *Unaccusativity in second language Japanese and English.* Hituji Syobo.

Ju, M. K.（2000）. Overpassivization errors by second language learners. *Studies in Second Language Acquisition, 22*(1), 85–111. https://doi.org/10.1017/S0272263100001042

影山太郎（1996）.『動詞意味論』くろしお出版.

Kondo, T.（2005）. Overpassivization in second language acquisition. *International Review of Applied Linguistics in Language Teaching, 43*(2), 129–161. https://doi.org/10.1515/iral.2005.43.2.129

近藤隆子（2019）.「第二言語学習者による自動詞の習得」白畑知彦・須田孝司（編）『言語習得研究の応用可能性―理論から指導・脳科学へ―』(pp. 31–68). くろしお出版.

Kratzer, A.（1996）. Severing the external argument from its verb. In J. Rooryck & L. Zaring（Eds.）, *Phrase structure and the Lexicon*（pp. 109–137）. Kluwer.

Kuroda, S.-Y.（1993）. Lexical and productive causatives in Japanese: An examination of the theory of paradigmatic structure. *Journal of Japanese Linguistics 15*(1), 1–82. https://doi.org/10.1515/jjl-1993-0102

Levin, B., & Rappaport Hovav, M.（1995）. *Unaccusativity: At the syntax-lexical semantics interface.* MIT Press.

Oshita, H.（2000）. What is happened may not be what appears to be happening: A corpus study of 'passive' unaccusatives in L2 English. *Second Language Research, 16*(4), 293–324. https://doi.org/10.1177/026765830001600401

Oshita, H. (2022). "Conceptualizable Agent" revisited: A critical evaluation of theoretical construct, testing design, and account of Overpassivization. *Lingua, 276.* https://doi.org/10.1016/j.lingua.2022.103372

Otaki, A., & Shirahata, T. (2017). The role of animacy in the acquisition of ergative verbs by Japanese learners of English. *Annual Review of English Language Education in Japan, 28,* 177–192. https://doi.org/10.20581/arele.28.0_177

大津由紀雄・今西典子・池内正幸・水光雅則 (監修) (2022).『言語研究の世界—生成文法からのアプローチ—』研究社.

Perlmutter, D. (1978). Impersonal passives and the unaccusative hypothesis. *Berkeley Linguistics Society, 4,* 157–189. https://doi.org/10.3765/bls.v4i0.2198

Pylkkänen, L. (2008). *Introducing arguments.* MIT Press.

Shibatani, M. (1976). Causativization. In M. Shibatani (Ed.), *Japanese generative grammar* (Syntax and semantics, 5) (pp. 239–294). Academic Press.

Schwartz, B. D., & Sprouse, R. A. (1996). L2 cognitive states and the full transfer/full access model. *Second Language Research, 12*(1), 40–72. https://doi.org/10.1177/026765839601200103

Suzuki, K. Shioda, K., Kikuchi, N., Maetsu, M. & Hirakawa, M. (2016). Cross-linguistic effects in L2 acquisition of causative constructions. *Proceedings of the 40th annual Boston University Conference on Language Development.* https://www.bu.edu/bucld/files/2016/10/BUCLD40_ProceedingsSupplement_Suzuki_et_al_FINAL.pdf

白畑知彦・近藤隆子・小川睦美・須田孝司・横田秀樹・大瀧綾乃 (2020).「日本語母語話者による英語非対格動詞の過剰受動化現象に関する考察」白畑知彦・須田孝司 (編)『第二言語習得研究の波及効果—コアグラマーから発話まで—』(pp. 31–55). くろしお出版.

白畑知彦 (2015).『英語指導における効果的な誤り訂正—第二言語習得の見地から—』大修館書店.

Travis, L. (2005). Agents and causes in Malagasy and Tagalog. In N. Erteschik-Shir & T. Rapoport (Eds.). *The syntax of aspect: Deriving thematic and aspectual interpretation* (Vol. 10). Oxford University Press.

White, L. (2003). *Second language acquisition and Universal Grammar.* Cambridge University Press.

Yip, V. (1995). *Interlanguage and learnability: From Chinese to English.* John Benjamins.

Yusa, N. (2003). 'Passive' unaccusatives in L2 acquisition. In P. M. Clancy (Ed.), *Japanese/Korean Linguistics 11* (pp. 246–259). CLSI.

Zobl, H. (1989). Canonical typological structures and ergativity in English L2 acquisition. In S. Gass & J. Schachter (Eds.), *Linguistic perspectives on second language acquisition* (pp. 203–221). Cambridge University Press.

7

Be 動詞の過剰生成の原因

大滝宏一

1. はじめに

 Be 動詞は英語学習の最初期に学ぶ文法項目の一つであり，英語学習者にとって学ぶことが容易な文法項目であると認識されている。例えば，2014年に文部科学省が発表した新設大学の設置計画履行状況等調査では，ある大学において必修英語科目で be 動詞の使い方などを教える授業が行われている状況に対して，大学教育に相応しい水準の授業と適切な入学者選抜が行われるように改善すべきであると求めている。このような例からも，be 動詞の習得は大学教育のレベルで扱われるべきではないと考えられるほど容易なものであると認識されていることが分かるが，本当に be 動詞の習得は一般的に認識されているように単純で容易なものなのであろうか。

 本章では，英語学習者の間で観察される「be 動詞の過剰生成」と呼ばれる誤りを言語理論の観点から分析することによって，日本語を母語とする英語学習者がどのような言語知識のもとで be 動詞を使用しているのかを考察する。*Be* 動詞の過剰生成とは，以下の (1) に示されるような be 動詞と一般動詞を共起させる誤りである。

(1)　John is play tennis.[1]

1　この誤りのターゲット文は，本来三単現の -s が使用される (i) の文である可能性と，現在進行形が含まれる (ii) の文である可能性があるが，学習者は現在進行形を通常伴わない状態動詞 (*know* や *have*) が使用される場合においても be 動詞を過剰生成するため，(ii) の文がターゲット文である可能性は低いと考えられる (後述の Ionin & Wexler, 2002 を参照)。

　　(i)　John plays tennis.　　　(ii)　John is playing tennis.

このような be 動詞の過剰生成の誤りは，日本語に限らず様々な言語を母語とする英語学習者の間で観察されており，第二言語習得研究においてその原因に関していくつかの仮説が提案されている[2]。本章では，提案されている仮説の中から，「話題仮説」と「時制仮説」の二つ仮説を取り上げてそれらの仮説の妥当性を検証することにより，日本語を母語とする英語学習者が be 動詞に関してどのような知識を持ち，使用しているのかを考察する。

2.　話題仮説

　日本語と英語との間に存在する文法的な違いの一つに，日本語の文では空主語（音形を持たない主語）とともに様々な要素が「話題」として文頭に現れることができるのに対して，英語の文では述語が意味的に選択する名詞句を「主語」として表さなければならないという事実がある。例えば，以下の (2a) の英語の例では，述語 *take* が「*take* の動作主」という主題役割を持つ名詞句を主語として選択するため，*take* の動作主となる名詞句（この例では *people*）を主語として表す必要がある[3]。また，(2b) で用いられている *snow* のような述語は，主題役割を持つ名詞句を主語として選択しないが，英語の文では主語を表さなければならないという形式的な要請のため，意味を持たない虚辞の *it* が主語として現れている。

(2)　a.　People cannot take pictures in this building.

　　　b.　It is snowing in Niigata today.

本章では，述語が意味的に選択する名詞句を「主語」として表さなければならないという特徴を，Li & Thompson (1976) に従って「主語卓越性 (subject prominence)」と呼び，そのような特徴を持つ言語を「主語卓越言語 (subject-prominent language)」と呼ぶ。

2　Fleta (2003), Ionin & Wexler (2002), Kim (2011), Noji (2015), Otaki (2004), 白畑 (2013), 遊佐 (2008), 遊佐・大滝 (2020), Wakabayashi (2021) 他

3　ただし，(i) の文に現れるような虚辞の *it* のように，述語が選択する主題役割と関係なく形式的な要請に基づいて使用される主語も存在する。

　　(i)　It is important for him to join us.

　一方，以下の (3) の例は，(2a) の英語の文と同様の意味を持つ日本語の文であるが，場所を表す名詞句「この建物は」が文頭に現れている。

(3)　　この建物は写真を撮ることができません。

ここで注意すべき点は，この名詞句は述語「撮る」によって意味的に選択されている主語ではなく，文全体の話題を示しているという点である。従って，(3) の文は「この建物に関して述べると，人々は (この建物で) 写真を撮ることができません」という解釈になり，文頭の名詞句「この建物は」は後続する解説 (comment) に対する話題 (topic) として用いられている。日本語では，このような「話題」が主語の代わりに文頭で示されることが多く (このような特徴を「話題卓越性 (topic prominence)」と呼ぶ)，同様の特徴を持つ言語は「話題卓越言語 (topic-prominent language)」と呼ばれている。
　Sasaki (1990) は，日本語を母語とする英語学習者の学習初期段階において，*be* 動詞が話題を示す標識として使用されている段階があると主張している。その主張を支える一つの根拠として，日本語を母語とする英語学習者が学習の初期段階において，以下の (4) のような誤りを産出することを報告している。

(4)　　Shoes is tiger give.
　　　　(Intended meaning: "The boy gave his shoes to the tiger.")

この文は，日本語の「靴はトラにあげた」という文が語順も含めて逐語訳のような形で英語に変換されたものであると考えられる。ここで重要な点は，*be* 動詞 *is* が話題である *shoes* の後に現れている点である。Sasaki (1990) はこの *be* 動詞を，日本語の助詞「は」に対応する話題を示す要素であると分析し，話題である *shoes* と解説である *tiger give* をつなぐ働きをしていると主張している。
　Sasaki (1990) の分析は，上で紹介した *be* 動詞の過剰生成の誤りにもそのまま当てはめることができる。例えば (1) で紹介した誤りは，(5) に示すように，*be* 動詞が話題を示す標識として使われ，後続する *play tennis* の部分が解説としての役割を果たしていると分析することができる。

(5)　<u>John</u>　　is　　　<u>play tennis.</u>

　　　topic　topic marker　comment

このような，過剰生成された *be* 動詞を話題標識として分析する仮説を，本章では「話題仮説」と呼ぶ。

　話題仮説は，第二言語習得における（心的）文法の初期状態は母語の文法であるとする主張 4 を仮定すると妥当な仮説であるように考えられるが，その後の研究では，話題仮説だけでは説明できないような *be* 動詞の過剰生成の例が報告されている。次の章では，過剰生成された *be* 動詞は時制を表す形態素であると分析する「時制仮説」を紹介し，その仮説が話題仮説では説明できない現象をどのように説明するのかを考える。

3.　時制仮説

　英語とフランス語には，文中で用いられる動詞の位置に関して以下の (6) に示されるような違いが存在すると報告されている 5。

(6)　a.　John often eats apples.

　　　b.　*John eats often apples.

　　　c.　*Jean souvent mange des　　pommes.

　　　　　Jean often　　eat　　of=the apples

　　　d.　Jean mange souvent des　　pommes.

　　　　　Jean eat　　often　of=the apples

英語では，(6a–b) に示されるように，頻度や容態を表す動詞句副詞 (VP-adverb) は一般動詞と目的語との間に現れることができず，主語と一般動詞の間に現れる。一方，フランス語では (6c–d) に示されるように，動詞句副詞は主語と一般動詞の間に現れることができず，一般動詞と目的語との間に現れる。Chomsky (1993) はこの言語間の違いを，動詞が機能範疇 6 に移動す

4　Schwartz & Sprouse (1994, 1996)

5　Emonds (1978), Pollock (1989)

6　機能範疇 (functional category) とは，N（名詞），V（動詞），A（形容詞）のような具体的

るタイミングの違いとして分析している。例えば，フランス語では (7) の構造に示されるように，動詞 V が動詞句副詞を超えて顕在的 (overt) に機能範疇 T (=Tense) に移動することによって動詞と時制が結びつく（V と T の素性が照合される）ため，動詞が動詞句副詞よりも先行する語順となる。フランス語において動詞が顕在的に移動するのは，フランス語の一般動詞がスペルアウトより前に照合されなければならない強素性 (strong feature) を持つためであると仮定されている[7]。

(7)

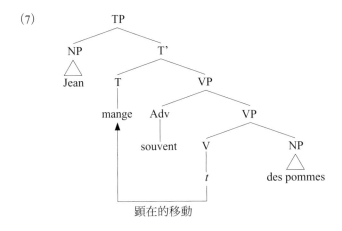

　な意味内容を持つ語彙範疇 (lexical category) とは対照的に，具体的な意味内容を持たず，主に文法的な機能を果たす範疇を指す（例えば，T（時制），C（補文標識），D（決定詞）など）。

7　生成文法において統語演算は概念・意図システムに至る派生として捉えられているが，派生のある段階で感覚・運動システムにとって読み取りが可能な情報（主に音声的な情報）を剥ぎ取り，感覚・運動システムに送る操作をスペルアウトと呼ぶ。Chomsky (1993) では，強素性 (strong feature) は感覚・運動システムとのインターフェースである PF (Phonetic Form) において可視的であり，照合されずに PF に残っていると派生が破綻すると仮定されている。従って，強素性はスペルアウトより前に照合されなければならず，顕在的な移動を引き起こす。一方，弱素性 (weak feature) は PF において不可視的であると仮定されているため，スペルアウト後に概念・意図システムとのインターフェースである LF (Logical Form) に辿り着くまでに照合されればよい。従って，先延ばし可能な操作はできる限り派生の後の段階で適用するという「先延ばしの原則 (Procrastinate)」を仮定すると，弱素性は非顕在的な移動を引き起こす。

一方，英語の一般動詞は，スペルアウトまでに照合される必要のない弱素性（weak feature）を持つため，顕在的には T に移動せず，LF（Logical Form）部門（スペルアウトから LF までの間）で非顕在的（covert）に移動する。

(8)

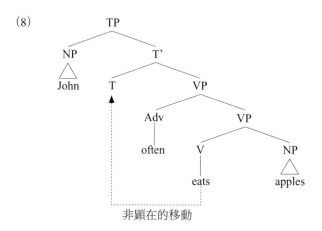

Ionin & Wexler（2002）は，ロシア語を母語とする英語学習者の自然発話内において，（9）のような be 動詞の過剰生成の誤りを観察している。

(9) a.　the lion is go down

　　 b.　and then the police is come there

この誤りに関して Ionin & Wexler（2002）は，過剰生成された be 動詞は時制を担う機能範疇 T に挿入されたものであると主張している。具体的には，Guasti & Rizzi（2002）で提案されている（10）の一般化を仮定し，非顕在的に照合された素性を形態的に表出するかは，その言語特有の規則を習得する必要があるため難しく，そのため，英語学習者が一般動詞の屈折を正しく使用することができないと主張する [8]。

---

[8]　Wakabayashi（2021）は，DENS（Do Everything in Narrow Syntax）という経済性の原則が第二言語学習者の中間言語で働いていると主張することにより，分散形態論（Halle & Marantz, 1993）の観点から Guasti & Rizzi（2002）の（10）の一般化を再解釈し，be 動詞の過

(10)　顕在的に照合された素性は，普遍文法の要請に従い形態的に表出され
　　　るが，非顕在的に照合された素性が形態的に表出されるかどうかは，
　　　その言語特有の規則によって決められる。

英語学習者が一般動詞の屈折を正しく使用することができない場合，単に屈
折自体が省略される場合が多いが，be 動詞を T の位置に屈折の代わりとし
て挿入する場合もあり，それが be 動詞の過剰生成の原因であると考察して
いる。

(11)

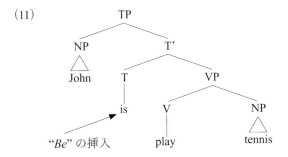

以上のように，過剰生成された be 動詞は時制を担う機能範疇 T（より具体
的には T に存在する素性の束）が具現化された形態素であると主張する仮説
を，本章では「時制仮説」と呼ぶ。
　Otaki (2004) は，日本語を母語とする英語学習者とフランス語学習者を比
較することにより，Ionin & Wexler (2002) の分析の妥当性を検証している。
上述の通り，フランス語では一般動詞は顕在的に T の位置に移動するため，
Ionin & Wexler (2002) の分析が正しいとすると，フランス語を第二言語とし
て獲得する学習者は，être 動詞（英語の be 動詞に対応する動詞）の過剰生成
はしないことが予測される。
　実験参加者は英語もしくはフランス語を第二言語として学習する中学 2 年
生 29 名で，学習している言語によって，英語グループ（16 名）とフランス

剰生成を説明することを試みている。

語グループ (13 名) に分けられた。実験参加者には，人称 (1 人称・3 人称) や文のタイプ (平叙文・疑問文・否定文) などが異なる日本語の文を提示し，英語もしくはフランス語に直して紙に記入するという課題が与えられた。

表 1 に Otaki (2004) の実験結果をまとめる。

表 1　Otaki (2004) の実験結果のまとめ (%)

	屈折の省略	動詞の位置	be/être 動詞の過剰生成
英語グループ	43.8	93.7	9.4
フランス語グループ	4.6	92.3	1.9

最初に，屈折の省略に関して見ると，英語グループの実験参加者は頻繁に三人称単数現在の *-s* を省略したのに対して (43.8%)，フランス語グループでは屈折の省略は非常に稀であった (4.6%)。これは，顕在的に照合された素性を形態的に表すことは容易であることを予測する Ionin & Wexler (2002) の主張を支持するものである[9]。また，両グループの実験参加者が，動詞句副詞や否定辞との関係において動詞を正しい位置で使用しているという事実は，英語学習者もフランス語学習者も，動詞がどのタイミングで T の位置に移動するかをすでに習得していることを示している。

　最後に，全体的な割合は高くないものの，両グループにおいて *be/être* 動詞の過剰生成が観察された。以下に，観察された過剰生成の例を全て掲載する。

(12)　*Be* 動詞の過剰生成 (英語グループ)

　　a.　三人称・一般動詞 "Mary knows Tom's mother."　　　　　3/16

　　　　→ Mary is know Tom's mother.（O.T.）

　　　　→ Mary is know the Tom's mother.（T.E.）

　　　　→ Mary is know to Tom's mother.（I.Y.）

9　英語では原形と同じ形がそのまま時制節で使用される状況が存在するのに対して (例えば，3 人称単数以外の現在形)，フランス語では原形と同じ形が時制節においてそのまま使用される状況が存在しない。この違いが，英語グループとフランス語グループにおける屈折の省略の違いに現れているという可能性もある。

　　b.　三人称・一般動詞・動詞句副詞 "John often kisses Mary."　　3/16
　　　　→ Jon <u>is</u> usually <u>kiss</u> to Mary.（T.Y.）
　　　　→ Jyon <u>is</u> often <u>kiss</u> Mary.（O.T.）
　　　　→ Jone <u>is</u> often <u>kiss</u> to Mary.（T.E.）

(13)　*Être* 動詞の過剰生成（フランス語グループ）
　　a.　三人称・一般動詞・動詞句副詞 "Jean embrasse souvent Marie"　　1/13
　　　　→ Jean <u>et</u> <u>embrasse</u> souvernt a Mari.（T.A.）

英語グループにおける *be* 動詞の過剰生成の誤りに注目すると，全ての例において，主語が三人称で時制が現在であるにもかかわらず，動詞の屈折が省略されている。これは，*be* 動詞が屈折の代わりの要素として挿入されると分析する Ionin & Wexler（2002）の提案を支持するものである。また，動詞句副詞が用いられている（12b）の語順が全て "be Adv V" となっており，これは英語学習者が *be* 動詞と一般動詞が現れる位置の構造的な違いを早くから習得していることを示唆する。表面的な屈折を要求する平叙文に焦点を当てると，英語グループにおける *be* 動詞の過剰生成の数とフランス語グループにおける *être* 動詞の過剰生成の数に関して，以下の分割表を作ることができる。

表 2　分割表

	Be/Être 動詞の過剰生成有り	*Be/Être* 動詞の過剰生成無し
英語グループ	6	26
フランス語グループ	1	51

言語グループ（英語／フランス語）と *be/être* 動詞の過剰生成（有り／無し）との間に相関があるのかを分析したところ，有意な関連が観察された[10]。この結果は，フランス語を習得する場合と比べて，英語を習得する場合の方が *be/être* 動詞を過剰生成する可能性が高いことを示しており，Ionin & Wexler（2002）が提案する時制仮説を支持するものである。

10　フィッシャーの正確確率検定（*p* = .011, 両側検定）

4.　実験

　ここまで，*be* 動詞の過剰生成に関する二つの仮説（話題仮説と時制仮説）を見てきたが，これらの仮説の妥当性を一つの研究で直接比較・検証した研究は極めて少ない [11]。この節では，日本語を母語とする英語学習者を対象に *be* 動詞の過剰生成に関する話題仮説と時制仮説の妥当性を直接検証した予備的実験を報告する。

4.1　参加者

　実験参加者は，日本語を母語とする英語学習者 80 名である。彼らは，日本の大学に所属する大学学部 1 年生であり，英語圏への半年以上の留学経験を持たない。実験とほぼ同時期に受験した TOEIC Bridge テスト（20 点〜180 点）の平均点は 121 点（最低 84 点，最高 170 点）で，CEFL の基準に当てはめると，およそ A1 から B1 レベル（初級から初中級）であると考えられる。

4.2　方法と予測

　実験では，明示的文法知識の影響を可能な限り排除するために，時間制限付き容認性判断課題を採用した [12]。テスト文は Ibex Farm[13] を使用してランダムに提示し，実験参加者には各々のテスト文について提示から 5 秒以内に容認性（容認可能か不可能か）を判断するように指示した。

　実験で使用したテスト文は以下の 3 つのタイプである。

(14) a.　タイプ 1：*Be* 動詞の過剰生成

　　　　　Mary is understand the problem.

　　　　　（Mary understands the problem.）

11　Kim (2011) は，韓国語母語話者の英語学習者を対象に実験を行うことにより，過剰生成された *be* 動詞が話題を表す要素なのか時制を表す要素なのかを検証している。

12　時間制限付き容認性判断課題と明示的・暗示的文法知識との関係については，Ellis (2004, 2005)，Gutiérrez (2013)，草薙 (2013)，浦野 (2011)，Urano (2012)，Spinner & Gass (2019) などを参照。

13　Drummond (2018)

b.　タイプ 2：*Be* 動詞の過剰生成 + 法助動詞

You are should read the newspaper.

（You should read the newspaper.）

c.　タイプ 3：*Be* 動詞の過剰生成 + 主語疑問文

Who is hate cold weather?

（Who hates cold weather?）

タイプ 1 は，*be* 動詞と一般動詞とが共起している一般的な *be* 動詞の過剰生成の文であり，話題仮説と時制仮説の両方が *be* 動詞の過剰生成が起こることを予測する。

　タイプ 2 は，法助動詞とともに *be* 動詞の過剰生成が起こっている文である。話題の有無と法助動詞の有無との間には関連がないため，話題仮説は，法助動詞が文中に存在してもタイプ 1 と同程度の *be* 動詞の過剰生成がタイプ 2 でも起こることを予測する（例えば，（14b）の日本語に対応する文「あなたは新聞を読むべきです」では，話題標識の「は」と法助動詞「べき」を同一の文で使用することが可能である）。一方，法助動詞は時制辞 T に生成される要素であると仮定すると，法助動詞によって T に存在する素性の照合がなされるため，*be* 動詞を T の位置に挿入する理由がなくなる（例えば，法助動詞 *will* が過去時制の場合は *would* となることからも，法助動詞によって T の素性の照合がなされていることがわかる）。従って，時制仮説は，タイプ 1 と比べるとタイプ 2 において *be* 動詞の過剰生成の割合が少なくなることを予測する。

　タイプ 3 は，主語の *wh* 疑問文において *be* 動詞の過剰生成が起こっている文である。*Wh* 疑問文における *wh* 句は焦点（新情報）として解釈されるため，旧情報である話題とは通常相容れない。例えば，（14c）の日本語に対応する文は「誰が寒い天気を嫌っているの」となるが，*wh* 句に話題標識である「は」を付けると，「誰は寒い天気を嫌っているの」という不自然な疑問文となる。従って，話題仮説は，タイプ 1 と比べてタイプ 3 では *be* 動詞の過剰生成の割合が少なくなることを予測する。対照的に，時制仮説は，*wh* 疑問文においても T に存在する素性の照合は必要となるため，タイプ 3 においてもタイプ 1 と同程度の *be* 動詞の過剰生成が起こることを予測する。

以上で述べた予測を，タイプ 1 をベースラインとして (15) にまとめる。

(15)　予測のまとめ（*Be* 動詞の過剰生成の割合）
　　a.　話題仮説
　　　　予測 1：タイプ 1 = タイプ 2
　　　　予測 2：タイプ 1 > タイプ 3
　　b.　時制仮説
　　　　予測 3：タイプ 1 > タイプ 2
　　　　予測 4：タイプ 1 = タイプ 3

　実験では，各タイプについて文法的な文と非文法的な文（*be* 動詞の過剰生成を含む文）をそれぞれ 5 文提示した。加えて，フィラー文としてテスト文と関係のない文を，文法的な文，非文法的な文それぞれ 10 文提示した。また，テスト文の長さによる影響を極力排除するため，全てのテスト文は 5 語または 6 語で構成された。

4.3　結果と考察

　実験の全体的な結果を表 3 にまとめる [14]。

表 3　実験結果のまとめ

		正答率 (%)
タイプ 1	文法的	85.46
	非文法的	51.02
タイプ 2	文法的	90.08
	非文法的	71.52
タイプ 3	文法的	51.50
	非文法的	43.94

非文法的な文（*be* 動詞の過剰生成を含む文）に関して，タイプ間の正答率に

14　時間制限内（5 秒以内）に答えることができなかった試行に関しては，結果分析から除外した（全体の 12.11%）。

差があるのかを確かめた結果[15]，タイプ 1 とタイプ 2，タイプ 2 とタイプ 3 の間で有意な差が観察されたが，タイプ 1 とタイプ 3 の間には有意な差は観察されなかった。以下に，各タイプにおいて *be* 動詞の過剰生成を含む文を誤って容認した割合を示すグラフと，予測と結果との比較を示す。

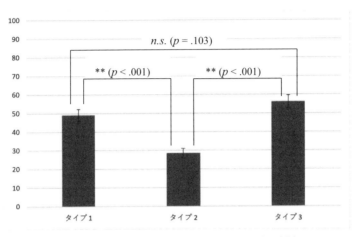

図 1　各タイプにおける *be* 動詞の過剰生成の割合

(16)　予測と結果の比較（*Be* 動詞の過剰生成の割合）
　　a.　話題仮説
　　　　　予測 1：タイプ 1 ＝ タイプ 2　　　結果 1：タイプ 1 ＞ タイプ 2
　　　　　予測 2：タイプ 1 ＞ タイプ 3　　　結果 2：タイプ 1 ＝ タイプ 3
　　b.　時制仮説
　　　　　予測 3：タイプ 1 ＞ タイプ 2　　　結果 1：タイプ 1 ＞ タイプ 2
　　　　　予測 4：タイプ 1 ＝ タイプ 3　　　結果 2：タイプ 1 ＝ タイプ 3

　最初に注目すべき点は，タイプ 1 よりもタイプ 2 において，*be* 動詞の過剰生成を含む文を誤って容認する割合が有意に低かったという結果である。

15　1 要因 3 水準参加者内分散分析を行い，多重比較には Holm 法を使用した。

この結果は，タイプ2においてタイプ1と同程度の *be* 動詞の過剰生成の誤りが起こることを予測する話題仮説では説明することができない（予測1と結果1）。一方，時制仮説は，法助動詞を含む文において，同じ T の位置に生成される要素である *be* 動詞が過剰生成されないことを予測するため，実験結果を正しく説明することができる（予測3と結果1）。

　次に，タイプ1とタイプ3との間には *be* 動詞の過剰生成の割合に有意な差がなかった点に注目する。話題仮説は，焦点要素である *wh* 句と話題標識として過剰生成された *be* 動詞との間に情報構造的に齟齬が生じるため，これらは共起しないことを予測するが，実験参加者は *wh* 句とともに *be* 動詞が過剰生成されたタイプ3の文をタイプ1の文と同程度容認した。これは，話題仮説からは予測されない結果である。一方，時制仮説は，*wh* 疑問文であっても平叙文と同様に *be* 動詞の過剰生成が起こることを予測するため，この結果は時制仮説の予測通りである。以上の結果は，日本語を母語とする英語学習者の間で観察される *be* 動詞の過剰生成の説明として，話題仮説よりも時制仮説の方が妥当性が高いことを示唆している。

　時制仮説だけでは説明できない問題として一つ残るのは，実験参加者はタイプ3において文法的な主語 *wh* 疑問文を51.5%しか容認しなかったという結果である。この問題に関して，Shirahata & Ogawa (2017) が興味深い実験結果を報告している。彼らは，日本語を母語とする英語学習者(高校1年生)を対象に実験を行い，目的語 *wh* 疑問文と比べて主語 *wh* 疑問文の習得が難しいことを報告している。実験で使用された様々なタイプの *wh* 疑問文の中から，主語 *wh* 疑問文に関する部分だけを取り上げると，実験参加者の高校1年生は，(17) のような *who* を主語とする *wh* 疑問文を要求する文脈において，(17a) のような正しい主語 *wh* 疑問文を選ぶことができた割合は全体の47.4%に過ぎず，代わりに *do* を過剰使用する (17b) や (32.9%)，*be* 動詞を過剰使用する (17d) を (9.9%) 誤って選ぶことが報告されている。(さらに，疑問詞が *what* の場合は，*do* の過剰使用を選ぶ割合が33.6%に，*be* 動詞の過剰使用を選ぶ割合が25%に増えると報告されている。)

(17)　　Mary は Kazuki に誰が窓を割ったのか尋ねます。

　　　　Mary:　　a.　Who broke the window?

　　　　　b.　Who did break the window?

　　　　　c.　Who did it break the window?

　　　　　d.　Who was break the window?

　　Kazuki:　Naoki.

　Shirahata & Ogawa (2017) の実験結果は，日本語を母語とする英語学習者にとって，主語 *wh* 疑問文において T の素性を V と結びつけることが困難な段階があり，代わりに *do* や *be* 動詞を使用して T の素性を照合するオプションを使用する場合があることを示唆している。従って，本実験において文法的な主語 *wh* 疑問文を容認する割合が低かったのは，主語 *wh* 疑問文において T と V を結びつけることが困難であるという要因が反映されたものであると解釈することができる [16]。

　本研究では，日本語母語話者の英語学習者の間で観察される *be* 動詞の過剰生成の誤りに関して，話題仮説と比べて時制仮説の方が妥当性が高いことを示したが，本実験での実験参加者は大学 1 年生に限られるため，同様の結論が英語学習のより初期の段階にいる学習者（中学生や高校生）にも当てはまるのかは今後の研究で検証する必要がある。従って，英語学習のある段階で，学習者が過剰生成された *be* 動詞を話題標識として使用している可能性は排除できないため，本研究の結果は話題仮説を完全に否定するものではない。しかし，本研究で得られた結果は，話題という概念だけで *be* 動詞の過剰生成を説明することは困難であり，母語話者とは違う形で機能範疇 T に存在する素性を形態的に表出することが原因となって起こる *be* 動詞の過剰生成が一定数存在することを示唆している。

16　遊佐・大滝 (2020) は，第二言語学習者が (1) のような誤りにおいて *do* ではなく *be* を挿入するのは，*do* は法助動詞と同様，法性（具体的には「非平叙文」という法性）を示す要素であるため (Matushansky, 2000)，(1) のような平叙文では時制を支持する要素として現れることができず，代わりに *be* 動詞が時制を支持する要素として現れると分析している。Shirahata & Ogawa (2017) の実験において，(17d) のように *be* 動詞を過剰使用する場合に比べて，(17b) のように *do* を過剰使用する場合が多かったのは，疑問という法性が *do* の使用を促したためであると考えられる。

5.　おわりに

　本章では，*be* 動詞の過剰生成という誤りに焦点を当て，過剰生成された
be 動詞が話題を示す標識として用いられているのか（話題仮説），もしくは，
時制を表す形態素として用いられているのか（時制仮説）を，日本語を母語
とする英語学習者（大学 1 年生）を対象に実験を行うことにより検証した。
その結果，①法助動詞が含まれる文では *be* 動詞が過剰生成された文を正し
く排除することができるが，②主語 *wh* 疑問文においては *be* 動詞が過剰生
成された文を誤って容認する傾向にあることが観察された。この結果は，話
題仮説よりも時制仮説の方が妥当性が高いことを示すものであり，さらに
は，*be* 動詞の過剰生成は話題という概念だけで説明することはできず，む
しろ，機能範疇 T に存在する素性を形態的に表出する際に母語話者とは異
なるプロセスを使用していることから生じている可能性が高いことを示唆す
るものである。

【外国語教育に関わる人が知っておくべきポイント】

・ 英語学習者の間で，*be* 動詞の過剰生成と呼ばれる誤りが観察されている。
・ *Be* 動詞の過剰生成に関して，過剰生成された *be* 動詞は話題標識であると
　考える仮説と，時制辞 T が具現化したものであると考える時制仮説が存
　在する。
・ 英語と日本語は，言語類型的にそれぞれ主語卓越性と話題卓越性という異
　なる特徴を持つ。
・ *Be* 動詞の過剰生成は，日本語を母語とする英語学習者だけではなく，
　様々な言語を母語とする英語学習者の間で観察されている。
・ 英語学習者は，法助動詞が存在する場合は，すでに T の位置が法助動詞
　に占められているため，*be* 動詞を過剰生成しない傾向にある。
・ 英語学習者は，*wh* 句は話題としては解釈されないのにも関わらず，その
　後ろに *be* 動詞を過剰生成する傾向にある。

【執筆者から読者へのメッセージ】

　人間の持つ言語知識は抽象的で複雑な体系をなすため，表面的には一見単
純で容易に見える *be* 動詞のような現象にも，その背後には抽象的で複雑な

メカニズムが潜んでいる。今回本章で見た *be* 動詞の過剰生成の誤りは，第二言語学習者が持つ抽象的で複雑な言語知識から「滲み出た」ものである可能性が高い。また，*be* 動詞の過剰生成以外の英語学習者の間で頻繁に観察される誤りや，十分な指導や経験があるにも関わらず習得が困難な文法項目に関しても，その背後には学習者の脳内に存在する抽象的な言語知識（中間言語）が関わっていることを示す研究が多数報告されている。従って，英語教育に関わる方々が，英語の表面的な特徴のみならず，その背後に存在する抽象的な構造や，母語である日本語の構造，さらには第二言語習得の認知的メカニズムについて知っておくことは，英語学習者の間で観察される誤りの原因を考える際の助けとなるばかりではなく，有効な指導材料の選定や指導項目を導入する適切な時期・順番を考える際にも有用となる可能性がある。

付　記
本研究は，JSPS 科研費（若手研究（B），#17K13514）の助成を受けたものである。

参照文献

Chomsky, N. (1993). A minimalist program for linguistic theory. In K. Hale & S. J. Keyser (Eds.), *The view from building 20: Essays in linguistics in honor of Sylvain Bromberger* (pp. 1–52). MIT Press.

Drummond, A. (2018). *Ibex Farm.* http://spellout.net/ibexfarm/（2021 年現在は閉鎖）

Ellis, R. (2004). The definition and measurement of L2 explicit knowledge. *Language Learning, 54*(2), 227–275. https://doi.org/10.1111/j.1467-9922.2004.00255.x

Ellis, R. (2005). Measuring implicit and explicit knowledge of a second language: A psychometric study. *Studies in Second Language Acquisition, 27*(2), 141–172. https://doi.org/10.1017/S0272263105050096

Emonds, J. (1978). The verbal complex V'-V in French. *Linguistic Inquiry, 9*, 151–175.

Fleta, M. T. (2003). Is-insertion in L2 grammars of English: A step forward between developmental stages? In J. M. Liceras, H. Zobl, & H. Goodluck (Eds.), *Proceedings of the 6th Generative Approaches to Second Language Acquisition Conference (GASLA 2002)* (pp. 85–96). Cascadilla Proceedings Project.

Guasti, M. T., & Rizzi, L. (2002). Agreement and tense as distinct syntactic positions: Evidence from acquisition. In G. Cinque (Ed.), *Functional structures in DP and IP: The cartography of syntactic structures,* vol.1. (pp. 167–194). Oxford University Press.

Gutiérrez, X. (2013). The construct validity of grammaticality judgment tests as measures of implicit and explicit knowledge. *Studies in Second Language Acquisition, 35*(3), 423–449. https://doi.org/10.1017/S0272263113000041

Halle, M., & Marantz, A. (1993). Distributed Morphology and the pieces of inflection. In Kenneth Hale & S. J. Keyser (Eds.), *The View from Building 20: Essays in Linguistics in Honor of Sylvain Bromberger* (pp. 111–176). MIT Press.

Ionin, T., & Wexler, K. (2002). Why is "is" easier than "-s"?: Acquisition of tense/agreement morphology by child second language learners of English. *Second Language Research, 18*(2), 95–136. https://doi.org/10.1191/0267658302sr195oa

Kim, K. (2011). Overgenerated be from topic marker to verbal inflection. In L. Plonsky & M. Schierloh (Eds.), *Selected Proceedings of the 2009 Second Language Research Forum* (pp. 70–81). Cascadilla Proceedings Project.

草薙邦広 (2013).「時間制限を用いた文法性判断課題—基礎的検討と時間制限の設定方法について—」『外国語教育メディア学会 (LET) 関西支部メソドロジー研究部会2012 年度報告論集』, 46–67.

Li, C. N., & Thompson, S. A. (1976). Subject and topic: A new typology of language. In C. N. Li (Ed.), *Subject and topic* (pp. 457–489). Academic Press.

Matushansky, O. (2000). *O tempora, o modes - The question of do-support.* Ms., MIT.

Noji, M. (2015). L1 influence on be overgeneration in L2 English.『上越教育大学研究紀要』*34*, 195–202.

Otaki, K. (2004). *"Be" overgeneration in second language acquisition: a comparison between L2 English and L2 French.* MA Thesis, Keio University.

Pollock, J.-Y. (1989). Verb movement, UG and the structure of IP. *Linguistic Inquiry, 20*(3), 365–424.

Sasaki, M. (1990). Topic prominence in Japanese EFL students' existential constructions. *Language Learning, 40*(3), 337–368. https://doi.org/10.1111/j.1467-1770.1990.tb00667.x

Schwartz, B. D., & Sprouse, R. A. (1994). Word order and nominative case in non-native language acquisition: A longitudinal study of (L1 Turkish) German interlanguage. In T. Hoekstra & B. D. Schwartz (Eds.), *Language acquisition studies in generative grammar* (pp. 317–368). John Benjamins.

Schwartz, B. D., & Sprouse, R. A. (1996). L2 cognitive states and the Full Transfer/Full Access model. *Second Language Research, 12*(1), 40–72. https://doi.org/10.1177/026765839601200103

白畑知彦 (2013).「否定証拠を中心とした明示的英文法指導の効果検証—予備的調査—」『教科開発学論集』*1*, 163–172.

Shirahata, T., & Ogawa, S. (2017). Difficulty order of fourteen different types of wh-questions in English by Japanese high school students: A preliminary study.『静岡大学教育学部研究報告』*67*, 43–58. http://doi.org/10.14945/00010290

Spinner, P., & Gass, S. (2019). *Using judgments in second language acquisition research.*

Routledge.

浦野研 (2011).「普遍文法に基づいた第二言語習得研究における時間制限のある文法性判断タスクの利用」『全国英語教育学会第 37 回山形研究大会発表』.

Urano, K. (2012). *Measuring Japanese learners' implicit and explicit knowledge of adverb placement in English.*『全国英語教育学会第 38 回愛知研究大会発表』.

Wakabayashi, S. (2021). A principle of economy in derivation in L2 grammar: Do everything in narrow syntax. *Second Language Research, 37*(4), 521–545. https://doi.org/10.1177/0267658319879969

遊佐典昭 (2008).「*He is often play tennis に見られる BE 動詞の過剰生成」金子義明・高橋大厚・小川芳樹・菊地朗・島越郎 (編)『言語研究の現在―形式と意味のインターフェイス―』(pp. 471–481). 開拓社.

遊佐典昭・大滝宏一 (2020).「Be 動詞の過剰生成と時制の獲得」白畑知彦・須田孝司 (編)『第二言語習得研究の波及効果―コアグラマーから発話まで―』(pp. 1–29). くろしお出版.

8
自動詞の過剰受動態化の原因

近藤隆子

1. はじめに

　英語を第二言語として学ぶ学習者がよくする誤りに，自動詞の受動態過剰般化[1]がある。自動詞は本来「主語＋動詞」の構造を取り，目的語を取らないため，受身文にすることはできない。しかし，英語学習者は，(1)のように自動詞に誤って受身文を適用してしまうことがある[2]。

(1)　a.　*[3]What *was happened* this morning?
　　　　（正しい文：What *happened* this morning?）
　　b.　*Many soldiers *were died* in the war.
　　　　（正しい文：Many soldiers *died* in the war.）

言語を習得する際，学習者にとって重要な課題の1つは，当該言語において，動詞がどのような構造を取るのかを理解することである。本章では，英語を第二言語として学ぶ学習者が，自動詞，より具体的には非対格動詞の習得過程で，受動態の過剰般化の誤りをおかす傾向にあるという研究報告，および，その原因に関する主な仮説を紹介した上で，受動態の過剰般化の原因としては，あまり調査されていない主語名詞句の有生性の影響に関する仮説を実証的に検証し，英語学習者による非対格動詞の習得について議論する。

1　目標言語のある規則をその規則の適用範囲外の項目にまで当てはめてしまうことにより起こる誤用のこと。過剰一般化ともいう（白畑他, 2019）。
2　Balcom (1997), Hirakawa (1995, 2003), Oshita (1997, 2000), Yip (1995), Zobl (1989) 他
3　言語学では，文の先頭にアスタリスク（星印 *）を付けて，その文が非文法的であることを示す。

2.　研究の背景

2.1　動詞の分類：自動詞と他動詞の区別

　第二言語習得研究において，これまでに英語の動詞の誤りに関する研究が数多く行われてきた。動詞を適切に使うためには，まず，動詞の持つ意味と項構造を理解する必要がある。項とは，動詞が文法的に使用されるために必要不可欠である主語，目的語，補語などの名詞句や節のことで，それらの集合を項構造と呼ぶ[4]。さらに，文を生成する過程で，主語との関係によって動詞を能動態や受動態にする。文を産出する際，これらのプロセスが上手くいかなければ，自動詞と他動詞の項構造を混同したり[5]，他動詞が必要とする目的語の項を欠如させたりしてしまう[6]。本節では，具体的な英語学習者による動詞に関する誤りを見ていく前に，動詞の分類について説明したい。

　まず，英語の動詞を目的語の有無という観点から分類すると，次のように分けられる。

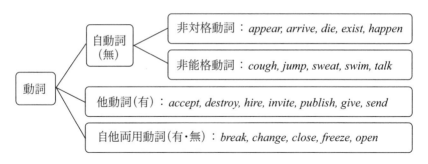

図1　目的語の有無による英語の動詞区分（括弧内に目的語の有無表示）

図1で示したように，英語の動詞は目的語の有無によって自動詞，他動詞，自他両用動詞の3つのタイプに分類することができる[7]。自動詞は主語になる項のみを必要とし，「主語＋動詞」の構造をとる一方で（例 A train arrived.），他動詞は主語と目的語になる2つ（もしくは二重目的語の場合は3つ）の項

4　上野・影山 (2001)，白畑他 (2019)

5　近藤・白畑 (2015)，Kondo & Shirahata (2015, 2018)

6　横田・白畑 (2021)

7　影山 (1996)，影山 (2001)

を必要とし，「主語＋動詞＋目的語（＋目的語）」の構造をとる（例 目的語が
1 つの場合：Mary published a book.; 二重目的語の場合：Tom sent me a lovely
postcard.）。また，自他両用動詞は 1 つの動詞が自動詞構造と他動詞構造の
両方をとり，自動詞構造の主語が他動詞構造の目的語に対応する（例 My
computer broke./My sister broke my computer.）。さらに，日本の英語の授業で
扱われることはほとんどないが，自動詞は非対格動詞と非能格動詞という 2
つの種類に細分類することができる。次の節では，これら 2 種類の自動詞の
区別について説明していく。

2.2　動詞の分類：非対格動詞と非能格動詞の区別

　非対格動詞と非能格動詞は，表面的には同じ自動詞構造を持つが，それぞ
れの動詞が必要とする項，すなわち，主語の持つ意味役割が異なる。意味役
割とは，動詞などの述語が表わす動作，状態，出来事などに関わる項が果た
す意味上の機能のことである [8]。具体的には，意味役割には，述語の表わす動
作を意図的に行う人を指す「動作主（agent）」，述語の表わす動作や状態に
よって影響を受ける人や物を指す「主題（theme）」，述語の表わす動作から
利益を受ける人を指す「受益者（benefactive）」などがある [9]。これらの意味役
割がわかりやすいのが，いわゆる SVOO 型 [10] の他動詞の文である。ここでは
動詞 give を例に意味役割を見てみよう。

(2)　David gave a beautiful ring to Emily.
　　　〈動作主〉　　　〈主題〉　　　〈受益者〉

(2) において，David は give という動作を行う人（＝動作主），a beautiful ring
は give という動作によって影響を受ける，つまり，give という動作により
David から Emily へ所有の移動という影響を受けるもの（＝主題），さらに，
Emily は give という動作によって利益を受ける人（＝受益者）という意味役
割を持つ。

8　白畑他 (2019)
9　影山 (1996)，白畑他 (2019)
10　S は Subject（主語），V は Verb（動詞），O は Object（目的語）である。

次に，非対格動詞と非能格動詞の項が持つ意味役割について考えてみよう。非対格動詞と非能格動詞の項の意味役割をよりわかりやすく理解するためには，他動詞の持つ 2 つの項の意味役割と比較しながら考えるのがよい。例文 (3) に，他動詞，非対格動詞，非能格動詞を使用した 3 つの文を示す。

(3) a. 他動詞：<u>Andrew</u> published <u>many books</u>.
　　　　　　〈動作主〉　　　　　　〈主題〉

　　 b. 非対格動詞：<u>The accident</u> occurred at around 2 in the morning.
　　　　　　　　　　　〈主題〉

　　 c. 非能格動詞：<u>Mary</u> danced on the beach.
　　　　　　　　　　〈動作主〉

まず，(3a) で示した SVO 構造の他動詞文において，主語である Andrew は，動詞 publish という動作をする動作主の意味役割を持ち，目的語である many books は，publish という動作によって影響を受ける主題という意味役割を持つ。次に，(3b) の非対格動詞と (3c) の非能格動詞の文を見てみよう。どちらの文も SV 構造をしている [11]。それでは，これら 2 つの文の違いは何だろうか。それは，(3b) において，非対格動詞文の唯一の項である the accident が，(3a) の他動詞文の目的語である many books 同様，主題の意味役割を持つのに対して，(3c) の非能格動詞文の唯一の項である Mary は，(3a) の他動詞文の主語 Andrew と同じように，動作主の意味役割を持つという点である。

　非対格動詞の主語が，他動詞や非能格動詞の主語のように動作主の意味役割ではなく，他動詞の目的語のように主題の意味役割を持つことを不思議に思うかもしれない。なぜ，「同じ」自動詞の主語なのに異なる意味役割を持つのだろうか。実は，この意味役割の違いは，さまざまな統語的な現象に現れている。まず，英語の There 構文で，これら 2 種類の自動詞の区別について見てみよう。

---

[11] これら 2 つの文では，主語，動詞に加えて，時 (at around 2 in the morning) や場所 (on the beach) を表わす副詞句が使われている。これらの副詞句は，項ではなく，付加詞と呼ばれ，動作や出来事の時，場所，様態などについて付加的な情報を提供する削除可能な修飾語句である。

　「There ＋動詞＋主語」構造を取るいわゆる英語の There 構文は，（4a, b）のように「存在，出現，発生」を表す arrive や come のような非対格動詞とともに用いることができる一方で [12]，（4c, d）のように laugh や swim のような非能格動詞とともに用いることができない [13]。

(4)　a.　There *arrived* a lot of children.
　　b.　There *came* a spooky sound from bushes.
　　c.　*There *laughed* a lot of audience.
　　d.　*There *swam* dolphins.

なぜ，（4a–d）のような文法性の違いがあるのかについての説明は，これら 2 種類の自動詞の区別が現れる別の現象である日本語の副詞・数量詞「たくさん」の解釈を見た後，試みたい。
　まず，「たくさん」という副詞・数量詞の働きについて，他動詞，非対格動詞，非能格動詞の文で見ていこう [14]。

(5)　a.　他動詞：たくさん雇用した
　　b.　非対格動詞：たくさん来た
　　c.　非能格動詞：たくさん走った

日本語は，前後関係から明らかな場合，主語も目的語も音に出さずに文を産出することができる。（5a）の文で使われている他動詞「雇用する」は，「誰か（主語）が，誰か（目的語）を雇用する」という SVO 構造を取る。日本語母語話者であれば，（5a）の文が「誰かが，たくさんの人を雇用した」という解釈になることは直感的にわかるはずだ。つまり，「たくさん」が「たくさんの誰かが雇用した」と主語を修飾するのではなく，「たくさんの誰かを

12　ただし，存在文の主語は不定 (indefinite) 名詞句でなければならない。また，名詞句が数量詞を伴う場合も，some や a lot of のような不特定数量を表すものに限られる（鈴木・中島，2001）。
13　影山 (1996), Haegeman & Gueron (1999)
14　より詳しい説明は，影山 (1996) を参照されたい。

雇用した」のように目的語を修飾する数量詞として使われている。それで
は，非対格動詞「来る」と非能格動詞「走る」が使われた (5b) と (5c) の文
の解釈はどうだろうか。まず，「たくさん来た」は，「たくさんの人が来た」
という解釈になり，「たくさん」は語を修飾している。その一方で，「たくさ
ん走った」は，「誰かがたくさん (の距離を，の時間を) 走った」という解釈
になり，「たくさん」は「走る」という動作を修飾している。

　「たくさん」が他動詞の目的語，非対格動詞の主語，および非能格動詞の
動詞 (動作) を修飾するという事実は，「たくさん」の使用法に規則性がない
ようにみえるが，そうではない。日本語の副詞・数量詞「たくさん」は，動
詞の内項[15]，つまり，動詞句の内側にある項 (例えば，他動詞の目的語) を修
飾することができる一方で，外項，つまり動詞句の外側にある項 (例えば，
他動詞の主語) を修飾することができないという制約を持つ。したがって，
非能格動詞は，主語 (外項) しか持たず内項がないため，「たくさん」は動詞
の動作自体を修飾する。それに対して，非対格動詞の場合，「たくさん」が
主語を修飾しているということは，主語がもともと内項であったということ
を示している。

　英語の There 構文や日本語の「たくさん」の解釈以外にも，英語や日本語
の結果構文[16]やイタリア語の助動詞選択[17]など，非対格動詞と非能格動詞の
区別はさまざまな言語のさまざまな統語的現象で見られる。本章ではこれら
の現象の詳しい説明は省くが，これらの統語的現象から，非対格動詞の主語
である主題の意味役割を持つ項は，もともと動詞の内項であり，(4a, b) の
ように動詞の後ろ，すなわち，他動詞の目的語位置に生成され，主格が付与
される主語位置に移動するということがわかる。その一方で，非能格動詞の
主語は，他動詞の主語同様，動詞の外項で，最初から動詞の前の主語位置に
生成される。このような考え方を「非対格性の仮説」と呼ぶ[18]。

15　影山 (2001: 162) によると，「外項 (external argument) というのは意図的な動作主 (Agent)，
　　生理的あるいは心理的変化の経験者 (Experiencer)，あるいは，何らかの事態を引き起こ
　　す原因 (Cause) であり，内項 (internal argument) というのは働きかけや変化を被る「対象
　　物」である。」
16　影山 (1996), 影山 (2001), Levin & Rappaport-Hovav (1995)
17　Burzio (1986), Sorace (2000)
18　Burzio (1986), Perlmutter (1978), より詳しい説明は近藤 (2019) を参照されたい。

2.3　自動詞の過剰受動態化

　以上見てきたように，ひとことに自動詞といっても，非対格動詞か非能格
動詞かによって，統語構造も主語の持つ意味役割も異なるため，自動詞の習
得は実は容易ではない。実際，英語を第二言語として学ぶ学習者が，自動詞
の構造に関する誤りをすることが多くの研究で報告されている。たとえば，
自動詞に関する誤りで非常に多く指摘されているのが，受動態の過剰般化で
ある。受身文は，他動詞の目的語が文主語の位置に移動し，動詞が「*be* ＋
動詞の過去分詞形」という受動態の形になり，生成される。つまり，受動態
は目的語を持つ他動詞にしか使えず，目的語を持たない自動詞には使えな
い。それにも関わらず，英語学習者の多くが (6) のような誤りをする [19]。

(6)　a.　*The letter *was arrived* this morning.

　　　　（正しい文：The letter *arrived* this morning.）

　　b.　*A car accident *was happened* yesterday.

　　　　（正しい文：A car accident *happened* yesterday.）

このような誤りは，自動詞の中でも非対格動詞によく見られ，非能格動詞で
はほとんど例がない [20]。

　なぜ，英語学習者は，非対格動詞に受動態を過剰に適用する一方で，非能
格動詞は正しい文構造で使うことができるのだろうか。英語学習者による非
対格動詞の受動態過剰般化の誤りの説明として，これまでにいくつかの異な
る仮説が提案されてきた。そのなかでも，特に多くの先行研究で主張されて
いる仮説が，受動態過剰般化が非対格動詞の項構造に起因するというもので
ある [21]。これは，英語学習者が(7a, b)のような非対格動詞文における項の目

19　Balcom (1997), Hirakawa (1995), Oshita (1997, 2000), Zobl (1989) 他

20　英語の第二言語学習者による受動態の過剰般化は，自動詞構造しか取らない非対格動
　詞だけではなく，自他両用動詞でも報告されている。ただし，自他両用動詞は，前述した
　とおり，自動詞構造と他動詞構造の両方を持つため，文脈によっては他動詞構造の目的語
　を主語にして受動態にすることができる。しかし，英語学習者は，英語母語話者であれば
　自動詞構造を産出・選択する場面でも受動態を使ってしまう傾向にある（Hirakawa, 1995,
　Ju, 2000, Kondo, 2005, 2009, Matsunaga, 2005, Montrul, 2000, 2001, Yip, 1995）.

21　Hirakawa (1995, 2003), Oshita (1997, 2000), Yip (1995), Zobl (1989) 他

的語位置から主語位置への移動を，受身文を生成する過程で起こる（8a, b）のような目的語の主語位置への移動と無意識的に誤って結びつけ，非対格動詞を受動態の構造で使用してしまうという考え方である。

(7) a. $[_{TP}\,\text{e}_{\,past}\,[_{VP}\,\text{arrive Mary}]]$

　　b. $[_{TP}\,\text{Mary}_i\,_{past}\,[_{VP}\,\text{arrive t}_i]]$

(8) a. Mary invited Tom to her party.

　　b. Tom$_j$ was invited t$_j$ to Mary's party.

非対格動詞文の場合も受身文の場合も移動をする項は，主題の意味役割を持ち，もともと動詞の内項で，文を生成する過程で主語の位置に移動するという共通点を持つ。しかし，生成過程の結果，受身文の場合，「*be*＋動詞の過去分詞形」で動詞が現れる一方で，非対格動詞の場合は，能動態で現れるという違いがある。ところが，英語学習者は非対格動詞も誤って受動態構造で使用してしまうのである。対照的に，非能格動詞の場合は，もともと項が主語位置に生成され，目的語位置からの移動がないため，受動態の過剰般化が起こらないと考えられている。

　筆者自身の研究で行った実験の結果も，この考え方とは矛盾しない[22]。しかし，さまざまな研究の実験結果を詳しく見てみると，受動態の過剰般化が，非対格動詞全てで，さらには，いかなるセンテンスにおいても起きているわけではないことがわかる。つまり，受動態の過剰般化が非対格動詞の統語構造のみに起因するのではなく，他にも要因があると考えられるのである。次の節では，英語学習者による非対格動詞の受動態過剰般化の原因を統語構造とは別の視点から検証した白畑他（2020）について見ていく。

2.4　主語名詞句の有生性の影響に焦点を当てた先行研究：白畑他（2020）

　白畑他（2020）は，非対格動詞の受動態過剰般化に主語名詞句の有生性が

22　Kondo（2005, 2009），近藤（2019）

影響するかどうかについて実証的に検証している[23]。白畑他では，日本語を母語とする英語学習者を対象に，5つの非対格動詞（arrive, fall, disappear, appear, belong）の主語に有生物名詞句を使った場合と無生物名詞句を使った場合で，受動態の選択傾向に差があるかどうかを調べている。実験では，二肢強制選択テストを使い，まず日本語で書かれた状況説明文を読んでもらい，その後に続く英語の問題文で非対格動詞を能動態と受動態で提示し，どちらの方が文法的により適切か判断させている。(9)と(10)は，白畑他で使われた非対格動詞に関する問題文である。

(9)　有生物名詞句が主語の場合

　　　Tao arrived/was arrived at Osaka this afternoon.

　　　John fell/was fallen down the stairs last Sunday.

　　　Mary disappeared/was disappeared among the crowd.

　　　Tom appeared/was appeared suddenly from behind the tree.

　　　Ken belongs/is belonged to the baseball club at school.

(10)　無生物名詞句が主語の場合

　　　A letter from America arrived/was arrived at Taro's house.

　　　A lot of leaves fell/were fallen from the trees.

　　　A big ball disappeared/was disappeared from the box.

　　　A big white object appeared/was appeared in front of me.

　　　The rice field belongs/is belonged to Mr. Suzuki.

(9)の問題文からわかるように，白畑他では，有生物名詞句の主語として，JohnやMaryのような人間のみが使われている。有生物には動物なども含まれるが，人間を表す語は，有生性を持つ名詞句のうち，もっとも典型的なものである。それに対して，無生物名詞句の主語としては，a letterやa ballなどの自力では動かない無生物のみが使われている。

　それでは，実験結果を見てみよう。図2は，主語名詞句が有生物と無生物

23　白畑他 (2020) では，非対格動詞文における主語名詞句の有生性の影響だけではなく，動詞の完結性の影響についても検証している。

の場合の各動詞の正答数の平均値を表している。各動詞，有生物名詞句と無
生物名詞句を主語に持つ文で 1 問ずつ問われているため，正解（能動態を選
択）であれば 1，不正解（受動態を選択）であれば 0 となる。

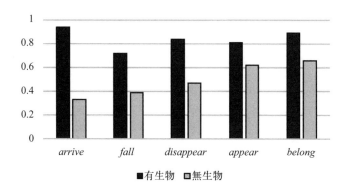

図 2　動詞別正答数平均値（白畑他 2020: 50, 図 3 に基づく）

　全ての動詞で，有生物名詞句と無生物名詞句の平均値の間に有意な差が
あった。これらの実験結果から，白畑他は，日本語を母語とする英語学習者
は，非対格動詞が有生物名詞句を主語に取るときよりも，無生物名詞句を主
語に取るときの方が，受動態を過剰般化する傾向にあると結論づけた。しか
し，白畑他でも指摘しているように，彼らの実験では，調べた非対格動詞が
5 つと少なかった。そのため，主語名詞句の有生性が受動態過剰般化に影響
を与えるという主張の妥当性を確かめるために，より多くの非対格動詞を問
題文に含め，白畑他の追実験を行うことにした。次のセクションで，その実
験について詳細に説明する。

3.　実験 24

3.1　目的

　本研究では，日本語を母語とする英語学習者が，非対格動詞の主語が無生
物名詞句のときの方が，有生物名詞句のときよりも，非対格動詞に受動態を

24　本実験は，白畑知彦先生と筆者（近藤）が行った。その一部は，Kondo et al.（2021）で
　発表した。

過剰般化する傾向にあるかどうかを検証する。

3.2　参加者

　本実験には，日本語を母語とし，日本の大学で学ぶ英語学習者 99 名（年齢：18〜22 歳）に参加してもらった。参加者は 4 つの大学の学部生で，TOEIC 400–600 点程度で，英語習熟度は初級から中級レベルである。

3.3　実験方法

　実験では，白畑他（2020）同様，二肢強制選択テストを採用し，表 1 にある 3 つのタイプの動詞を使用した。

表 1　実験で使用した動詞

動詞の種類	動詞
非対格動詞	*appear, arrive, belong, depart, die, emerge, exist, fall, remain, rise*
他動詞	*accept, build, damage, destroy, hire, invite, promote, publish, read, reject*
自他両用動詞	*break, change, close, dry, freeze, increase, melt, open, sell, sink*

他動詞と自他両用動詞は，錯乱文として使用した。非対格動詞は，全ての問題文で能動態が適切な答えに，他動詞は，動詞の目的語を文の主語にし，受動態が適切な答えになるように設定し，各動詞 2 つの問題文で使用した。自他両用動詞に関しては，1 つの動詞が能動態と受動態で適切な答えとなるようにそれぞれ 2 つの問題文で使用した。主語名詞句の有生性は，非対格動詞の場合のみ統制し，他動詞と自他両用動詞の場合は特に統制しなかった。その結果，実験文 20 問（10 個の非対格動詞 ×2 つの主語名詞句（有生物名詞句・無生物名詞句），錯乱文 40 問（10 個の他動詞と 10 個の自他両用動詞 ×2 文）の合計 60 問を出題した。

　非対格動詞の主語として使用した有生物名詞句と無生物名詞句は，表 2 のとおりである。

表 2　非対格動詞の主語として使用した名詞句

	appear	*arrive*	*belong*	*depart*	*die*
有生物	a security guard	Tom	Tom	We	many chickens
無生物	the article	the plane	the park	the train	the engine of my car

	emerge	*exist*	*fall*	*remain*	*rise*
有生物	a man	dinosaurs	Jane	Mary	everyone
無生物	the box	water	all the glasses	nothing	prices

白畑他（2020）では，無生物名詞句として「自力では動く気配のない無生物」のみを選んでいるが，本実験で使用した無生物主語のうち，the plane と the train がこの基準に反するため 25，できる限り白畑他の実験結果と本実験の結果を比較することができるように，これら 2 つの名詞句が主語として使われている動詞の arrive と depart については，ここからの説明と実験の分析からは除くことにした。

　実験参加者には，まず，（11）の指示を与え，（12）のような問題文において，動詞がより文法的に適切な方を選ぶよう指示をした。

（11）　テストの指示
　　　　各問題は日本文と英文で構成されています。日本文は状況・場面を説明しています（英文の訳ではありません）。日本文の状況説明文を読んで，続きの内容が英文で書かれているので，英文の動詞部分がより文法的に適切な方を丸で囲んでください。
（12）　京子は数日前に新聞社に依頼されて，日本の言語教育についての記事を書いた。
　　　　The article appeared/was appeared in today's newspaper.（article: 記事 26）

前述したように，主語名詞句の有生性が，英語学習者の動詞の態の選択（能

25　白畑（2021, p. 150）は，bus や train は無生物ではあるが，「（自分の意思ではないが）動くもの」に当たり，letter や pen のように「自力では動かないもの」の方が受動化が起きやすいと説明している。
26　問題文の中で実験参加者にとって難しいと思われる語彙（動詞を除く）については，日本語訳をつけた。

動態か受動態）に影響を与えるかどうかを検証するために，全ての非対格動詞は有生物名詞句と無生物名詞句が主語に来る 2 つの問題文で提示した。本実験で使用した全ての問題文のうち，（13）は有生物名詞句が主語の問題文，（14）は無生物名詞句が主語の問題文である。（13）と（14）の全ての問題文で，能動態が正しい答えとなる。

(13)　有生物名詞句が主語の場合

A security guard appeared/was appeared and told the group to leave.

Tom belonged/was belonged to a football team when he was a boy.

Many chickens died/were died.

Suddenly, a man emerged/was emerged from the darkness.

Dinosaurs existed/were existed 50 million years ago.

Jane fell/was fallen downstairs.

Mary remained/was remained in the classroom.

Everyone in the hall rose/was risen to receive her.

(14)　無生物名詞句が主語の場合

The article appeared/was appeared in today's newspaper.

The park belonged/was belonged to Mr. Suzuki 10 years ago.

The engine of my car died/was died as soon as water got into the car.

The box emerged/was emerged suddenly.

Some researchers claim that water existed/was existed on Mercury a million years ago.

All the glasses fell/were fallen from the table.

Nothing remains/is remained in the town.

Prices will rise/be risen soon.

テスト問題は，用紙 1 ページに 15 問ずつ提示し，計 4 ページで構成されている。また，実験参加者が，1 つの動詞の有生物名詞句と無生物名詞句を使った文の比較ができないように，1 ページに同じ動詞が 2 度現れないよう配慮しながら，問題文を提示した。実験参加者には，問題 1 番から 60 番まで順番に解き，一度終わった問題には戻らず，答えを変更したり，見直した

りせず，直感で解くように指示を与えた。

3.4　実験結果

　二肢強制選択テストの結果は，全体的な結果，動詞別結果の順で検証していく。非対格動詞文はすべて，能動態を選んだ場合に正答となり，1点が与えられる。したがって，全体的な結果では，有生物名詞句と無生物名詞句別に，8つの非対格動詞文の正答数を実験参加者全員（99名）の平均値にして分析する。動詞別結果では，白畑他（2020）同様，各非対格動詞，有生物名詞句と無生物名詞句を主語に持つ文で1問ずつ問われているため，正解であれば1，不正解であれば0とし，参加者全員の平均値を出し，動詞間の違いを見る。

3.4.1　全体的な結果

　表3は，非対格動詞について，主語名詞句が有生物か無生物かによって分類し，正答数の平均値と標準偏差をまとめたものである。各主語名詞句タイプには8つの非対格動詞が含まれているため，平均値が8に近ければ近いほど，正しく能動態を選んでいたことになる。

表3　非対格動詞の主語名詞句別正答数の平均値と標準偏差（最大値は8）

主語名詞句	正答数の平均値	標準偏差
有生物	6.58	1.41
無生物	4.75	1.89

有生物名詞句が主語の場合，正答数の平均値は6.58（正答率にして8割超え）で，英語学習者は，有生物名詞句が主語の非対格動詞文を概して正しく判断しているといえる。それに対して，無生物名詞句が主語の場合，正答数の平均値は4.75（正答率にして59％程度）で，英語学習者は，かなりの割合で受動態を選んでいる。統計的にも，主語が有生物の場合の方が，無生物の場合に比べて，平均値が有意に高かった[27]。したがって，実験参加者は，無生物

27　$t(98) = 10.10, p < .001$

名詞句が主語のときの方が，有生物名詞句が主語のときよりも，受動態を好む傾向にあることが判明した。

3.4.2　動詞別結果

　次に，動詞別に主語が有生物の場合と無生物の場合を比較する。図 3 は，動詞別の正答数平均値を示している。各動詞，有生物名詞句と無生物名詞句を主語として 1 回ずつ問題文で使われているため，1 が正答数の平均値の最大値となる。

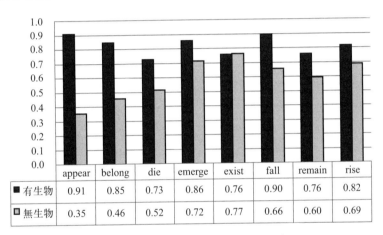

	appear	belong	die	emerge	exist	fall	remain	rise
■ 有生物	0.91	0.85	0.73	0.86	0.76	0.90	0.76	0.82
□ 無生物	0.35	0.46	0.52	0.72	0.77	0.66	0.60	0.69

図 3　動詞別正答数平均値（最大値は 1）

　統計の結果，8 個の動詞の内，7 個の動詞 appear, belong, die, emerge, fall, remain, rise で，有生物と無生物名詞句を使った文の間に有意な差があった[28]。これより，日本語母語話者は，白畑他（2020）で調査した動詞に加えて，より多くの非対格動詞で，主語が有生物名詞句の時よりも無生物名詞句の時に，能動態よりも受動態を好む傾向にあることが明らかになった。したがって，本実

---

[28]　要因の分散分析（名詞句有生性×動詞）の結果，有生性に有意差あり：$F_{(1, 98)} = 77.702, p < .01$; 動詞に有意差あり：$F_{(7, 686)} = 3.798, p < .01$; 交互作用あり：$F_{(7, 686)} = 6.291, p < .01$

　有生物名詞句と無生物名詞句を使った文の有意差：

appear, belong, die, fall: $p < .001$; *emerge, remain*: $p < .01$; *rise*: $p < .05$

験の結果は，文の主語の有生性が非対格動詞の受動態過剰般化に重要な影響
を与えるという白畑他の主張を支持する。

4. 考察

　非対格動詞の受動態過剰般化の誤りは，これまで実に多くの研究で調査さ
れ，その原因についていくつかの仮説が提案されてきた。本実験では，非対
格動詞の主語が有生物名詞句の場合と無生物名詞句の場合で，英語学習者が
受動態を好む傾向に差があるかどうかに焦点を当て，主語名詞句の有生性の
影響を検証した。

　まず，全体的な結果から，主語となる名詞句が有生物のときよりも，無生
物のときの方が，英語学習者は受動態を好む傾向が強いといえる。主語が有
生物名詞句のときに学習者が受動態を選んだ割合が 20％以下なのに対して，
無生物名詞句のときには，その割合が 40％を超えている。これより，主語
名詞句の有生性が受動態の過剰般化に与える影響は明らかである。

　次に，動詞別結果については，白畑他（2020）で調査した動詞 arrive, fall,
disappear, appear, belong に加えて，die, emerge, remain, rise でも，有生物名詞
句が主語の場合と無生物名詞句が主語の場合で，正答数の平均値に有意な差
があった。つまり，英語学習者は，これらの動詞に無生物名詞句が主語とし
て使われているときの方が，有生物名詞句が主語として使われている時より
も，受動態を好む傾向にあることがわかった。

　今回調査した動詞の中で唯一差がなかったのが exist で，これは，無生物
が主語の場合の正答率が 0.77 と高かったためで，8 つの動詞の中でもっとも
高かった。無生物が主語の場合の動詞間の結果を比較すると，exist に続い
て，emerge がもっとも高く，正答率が 0.7 以上であった。さらに，rise, fall,
remain がそれに続く。その一方で，appear と belong に関しては，正答率が
順番に 0.35 と 0.46 で，半分以上の実験参加者が受動態を選んでいた。8 つ
の動詞の主語はすべて無生物名詞句だったにもかかわらず，正答率には大き
な差があった。正答率の高い exist の主語は water, emerge の主語は the box,
正答率の低い appear の主語は the article, belong の主語は the park であった。
全ての主語名詞句は動きのない無生物といえる。さらに興味深いことに，本
実験でもっとも正答率の低かった appear と belong は，白畑他（2020）では

もっとも正答率の高い動詞であった。彼らの実験で使われた無生物主語は，appear が a big white object で，belong が the rice field だった。

　したがって，これら 2 つの実験結果から，正答率はテストによって，つまり，異なる状況設定文や問題文によって，変動するといえる。なぜそのような変動が起こるかについては，今後の研究の課題である。しかし，本実験と白畑他（2020）の実験で明らかになった重要な点は，非対格動詞の主語が有生物名詞句と無生物名詞句の場合では，英語学習者の受動態容認度に大きな差があり，主語名詞句の有生性は受動態過剰般化に影響を与えるということである。

5.　おわりに

　本実験では，実験参加者が，非対格動詞の文構造として，能動態か受動態のどちらかを選ばなければならない二肢強制選択テストを使用した。答えとして，能動態か受動態の選択肢を与え，どちらかを選ばせることによって，実験参加者の非対格動詞の文構造の理解を明らかにした。つまり，受動態を選んだ場合には，文法的な能動態よりも非文法的な受動態を文法的であると判断したわけである。これは，英語学習者が正しい構造である非対格動詞の能動態を非文法的と理解している可能性を示唆する。このように英語学習者が文法的な文構造の代わりに，非文法的な文構造を文法的と考え，使っている場合，日本のような圧倒的に英語のインプットが少ない外国語環境で英語を学ぶ学習者に正しい構造を自然に気づかせるのは難しい。したがって，これらの文法項目については，英語の授業の中で，明示的に説明するのが効果的であると考える。

【外国語教育に関わる人が知っておくべきポイント】
・ 動詞の分類の理解は英語を習得する上で重要であるが，体系的に理解していない学習者が多い。
・ 自動詞は，主語が主題の意味役割を持つ非対格動詞と動作主の意味役割を持つ非能格動詞に分類され，これら 2 種類の動詞の区別は，異なる統語的な現象で見られる。
・ 英語学習者がよくする誤りに非対格動詞の受動態過剰般化があり，文の主

語が無生物名詞句のときにより起こりやすい。

・ 動詞が自動詞なのか他動詞なのか，また，どのような意味役割を持つ主語をとるのかなどの動詞の特性を学習者に意識させる指導が必要である。

【執筆者から読者へのメッセージ】

　第二言語習得について学ぶことで，ことばの仕組みを知ることができ，言語意識を高めることにつながる。英語学習者が無意識のうちにしている文法の誤りには，英語習熟度が上がってもなかなか直らないものもあり，それらの項目を実証的に明らかにし，英語教育へ応用することが学習者の英語力を伸ばすために重要である。

付　記

本研究の一部は，科学研究費補助金（19K00915, 17H02358）の助成を受けたものである。

参照文献

Balcom, P. (1997). Why is this happened? Passive morphology and unaccusativity. *Second Language Research, 13*(1), 1–9. https://doi.org/10.1191%2F026765897670080531

Burzio, L. (1986). *Italian syntax: A government-binding approach.* Reidel.

Haegeman, L., & Gueron, J. (1999). *English grammar: a generative perspective.* Blackwell.

Hirakawa, M. (1995). L2 acquisition of English unaccusative constructions. In D. MacLaughlin, & S. McEwen (Eds.), *Proceedings of the 19th Boston University Conference on Language Development* (pp. 291–302). Cascadilla Press.

Hirakawa, M. (2003). Knowledge of deep versus surface unaccusativity in second language Japanese. *Second Language, 2*, 23–51. https://doi.org/10.11431/secondlanguage2002.2.0_23

Ju, M. K. (2000). Overpassivization errors by second language learners. *Studies in Second Language Acquisition, 22*(1), 85–111. https://doi.org/10.1017/S0272263100001042

影山太郎 (1996).『動詞意味論―言語と認知の接点―』くろしお出版.

影山太郎 (2001).「第1章　自動詞と他動詞の交替」影山太郎 (編)『日英対照　動詞の意味と構文』(pp. 12–39). 大修館書店.

影山太郎 (2001).「第6章　結果構文」影山太郎 (編)『日英対照　動詞の意味と構文』(pp. 154–181). 大修館書店.

Kondo, T. (2005). Overpassivization in second language acquisition. *International Review of Applied Linguistics in Language Teaching, 43*(2), 129–161. https://doi.org/10.1515/iral.2005.43.2.129

Kondo, T. (2009). *Argument structure-morphosyntactic links in the second language English of adult speakers* [Unpublished doctoral dissertation]. Essex, UK: University of Essex.

近藤隆子 (2019).「第二言語学習者による自動詞の習得」白畑知彦・須田孝司 (編)『言語習得研究の応用可能性―理論から指導・脳科学へ―』(pp. 31–68). くろしお出版.

Kondo, T., & Shirahata, T. (2015). The effects of explicit instruction on intransitive verb structures in L2 English classrooms. *Annual Review of English Language Education in Japan, 26*, 93–108. https://doi.org/10.20581/arele.26.0_93

Kondo, T., & Shirahata, T. (2018). Explicit instruction on English verb structures in L2 classrooms. In I. Walker, DKG. Chan, M. Nagami, & C. Bourguignon (Eds.), *New perspectives on the development of key competencies in foreign language education* (pp. 157–179). Mouton De Gruyter.

Kondo, T., Shirahata, T., Suda, K., Ogawa, M., & Yokota, H. (2021, March 27). *The influence of animacy of sentential subjects on overpassivization in L2 English* [Paper presentation]. The 20th International Conference of the Japan Second Language Association, Shizuoka, Japan.

近藤隆子・白畑知彦 (2015).「自動詞・他動詞構造の混同軽減のための明示的指導に関する一考察―明示的指導の提示方法に焦点を当てて―」『中部地区英語教育学会紀要』44, 57–64. https://doi.org/10.20713/celes.44.0_57

Levin, B., & Rappaport Hovav, M. (1995). *Unaccusativity: At the syntax-lexical semantics interface.* MIT Press.

Matsunaga, K. (2005). Overgeneralization in second language acquisition of transitivity alternations. *Second Language, 4*, 75–110. https://doi.org/10.11431/secondlanguage2002.4.0_75

鈴木英一・中島平三 (2001).「存在構文」中島平三 (編)『[最新] 英語構文事典』(pp. 82–93). 大修館書店.

Oshita, H. (1997). *"The unaccusative trap": L2 acquisition of English intransitive verbs.* [Unpublished doctoral dissertation]. Los Angeles: University of Southern California.

Oshita, H. (2000). What is happened may not be what appears to be happening: A corpus study of 'passive' unaccusatives in L2 English. *Second Language Research, 16*(4), 293–324. https://doi.org/10.1177/026765830001600401

Perlmutter, D. (1978). Impersonal passives and the unaccusative hypothesis. *Berkeley Linguistics Society, 4*, 157–189. https://doi.org/10.3765/bls.v4i0.2198

白畑知彦 (2021).『英語教師がおさえておきたいことばの基礎的知識』大修館書店.

白畑知彦・近藤隆子・小川睦美・須田孝司・横田秀樹・大瀧綾乃 (2020).「日本語母語話者による英語非対格動詞の過剰受動化現象に関する考察」白畑知彦・須田孝司 (編)『第二言語習得研究の波及効果―コアグラマーから発話まで―』(pp. 31–55). くろしお出版.

白畑知彦・冨田祐一・村野井仁・若林茂則 (2019).『英語教育用語辞典 第3版』大修

館書店.

Sorace, A. (2000). Gradients in auxiliary selection with intransitive verbs. *Language, 76*(4), 859–890. https://doi.org/10.2307/417202

上野誠司・影山太郎 (2001).「第 2 章　移動と経路の表現」影山太郎 (編)『日英対照動詞の意味と構文』(pp. 40–68). 大修館書店.

Yip, V. (1995). *Interlanguage and learnability: From Chinese to English.* John Benjamins.

横田秀樹・白畑知彦 (2021).「大学生の英文法習得難易度順序の調査」『中部地区英語教育学会紀要』*50*, 251–258. https://doi.org/10.20713/celes.50.0_251

Zobl, H. (1989). Canonical typological structures and ergativity in English L2 acquisition. In S. Gass, & J. Schachter (Eds.), *Linguistic perspectives on second language acquisition* (pp. 203–221). Cambridge University Press.

9

自動詞文での be ＋過去分詞の原因
―学習者の文法はきめ細やか―

若林茂則

1. はじめに

　本章では，第二言語学習者によって産出される (1) のような be ＋過去分詞の形が，どのような文法知識にもとづいているかを論じ，母語話者の言語使用に照らすと「誤り」である学習者の言語使用が，人間の言語知識の意味要素にもとづくきめ細やかな規則の現れであることを示す[1]。

(1)　a.　Most of people are fallen in love and marry with somebody.

　　b.　The most memorable experience of my life was happened 15 years ago.

(いずれも Zobl, 1989, p. 204 より引用)

　以下，2 節では (1) の are fallen や was happened のような be ＋過去分詞を扱った先行研究を取り上げる。3 節では英語母語話者の文法における自動詞文を意味単位から分析し，その分析にもとづいて 4 節では学習者の文法知識に関して新しい説明を提案する。5 節では，まとめを述べる。

2. 第二言語学習者が be ＋過去分詞を産出・容認する理由

　上の (1a) の are fallen は，なぜ産出されたのか。fall は自動詞であり，このような be ＋過去分詞の形でインプットに現れることはなく，学習者が記憶にもとづいて産出することはありえない。この形は，学習者の文法知識が，見たことも聞いたこともない新たな文を作り出す「生産性」を持つこと

1　様々な母語を持つ第二言語話者がこの形を産出する (Oshita, 2000 など)。

を示している[2]。英語母語話者が一般動詞の能動態を用いる文で，第二言語学習者の産出・容認する be 動詞＋過去分詞には，いくつかの種類があるが，本章では自動詞の文に現れる be 動詞＋過去分詞に的を絞って考察する[3]。以下，本節では，先行研究での提案を見ていく。

2.1　過剰受動化という説明

自動詞の文で be 動詞＋過去分詞が産出されるのは，受動態と同じ統語構造だからだという提案がある[4]。この提案を検証するために，まず，統語構造を記述しよう。極小モデルの文の派生では，2 つの構成素が併合して新たな構成素を作る[5,6]。自動詞の文は，主語名詞句と動詞で作られ，必要に応じて前置詞句などが加わって，たとえば (2) のように名詞句（DP）＋動詞（V）＋前置詞句（PP）の文ができる。

(2)　a.　Some professors danced on the stage.

　　b.　Some professors arrived at the station.

(2) の 2 文は同じ DP ＋ V ＋ PP の文だが，主語と動詞句の意味関係が異なる。(2a) の文では主語の Some professors が「動作主」として解釈される。そのため，主語を (3a) のように無生物の Some boxes に置き換えると意味が不自然になる。一方 arrive の主語は出来事の「対象」であり，主語を Some boxes に置き換えても (3b) のように文の意味が自然に解釈できる。

2　Corder (1967)，Zobl (1989) など。藤田 (2014) も参照されたい。

3　日本語を母語とする英語学習者は，被害を表す日本語の受動文（例　「私は子供に泣かれた」）に相当する文（例　I was cried by a child.）を産出・容認する。そこにも be ＋過去分詞が含まれるが，この産出の理由は (1) とは異なると考えられる。穂苅 (2016)，穂苅・木村 (2019) を参照されたい。

4　Balcom (1997)，Hirakawa (1995)，Oshita (2000)，Yip (1995)，Zobl (1989) など。

5　Chomsky (1995)。Radford (2016) を参照されたい。

6　動詞 V を主要部とする動詞句 VP と v が併合されてできる句は vP と呼ばれる (Chomsky, 2001)。この vP は解釈可能な「命題」である。命題とは出来事・状態の記述を表す。この命題は名詞句などの指示表現とは異なり真偽判断が可能であり，また，時制，命題内容に対する話者の判断（例　可能を表す can），文のタイプ（疑問文・感嘆文など）を示す要素は含まない。

（3）　a.　#Some boxes danced on the stage.[7]

　　　b.　Some boxes arrived at the station.

　この違いは動詞に由来すると考えられ，dance は非能格動詞，arrive は非対格動詞に分類される。この 2 種類の動詞の違いは，主語の意味役割が解釈される統語構造上の位置の違いによる[8]。(2) の主語は，それぞれ図 1, 2 の吹き出しの位置で，出来事の動作主あるいは対象と解釈される[9]。

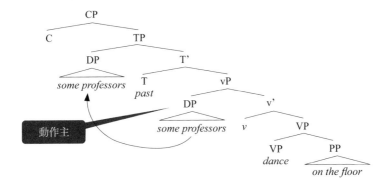

図 1　(2a) の構造と意味役割の解釈位置

7　慣例に従って文法不適格文（非文）には＊をつける。(2b) は非文とは言えず，意味的に不自然であるため，こちらも慣例に従って＃をつける。

8　自動詞の分類には，主語の意味役割の違いだけでなく，way 構文や同族目的語構文（例 He slept a good sleep.）での使用可能性なども用いられる（Burzio, 1986, Perlmutter, 1978, Levin & Rappaport Hovav, 1995）。他動詞と自動詞の区分や自動詞の分類にも様々な方法があり，分類の妥当性も問われるべきである（Takami & Kuno, 2017）。

9　紙幅のため図 1, 2 の詳しい説明は行わない。島（2002）などを参照されたい。

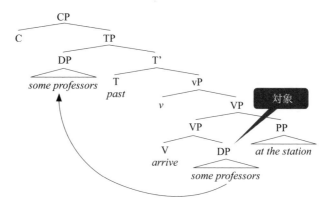

図 2　(2b) の構造と意味役割の解釈位置

　これらの文では，命題 (vP) の左下の名詞句 (DP) は動作主，動詞 (V) と直接併合した名詞句 (DP) は対象と解釈される。いずれも，時制 (T) に近い名詞句 (DP) が，TP の左下の位置に移動して「音」となる。

　(4) の受動文でも図 2 と同様の移動が起こる。統語構造は図 3 となり，主語は移動前の位置で意味役割が解釈される。

(4)　The sculpture was broken.

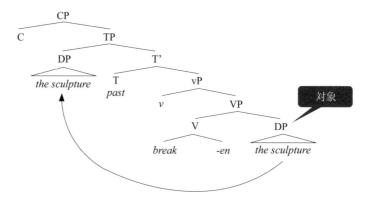

図 3　(4) の構造と意味役割の解釈位置

　図 2 と図 3 では同じ統語的移動が行われる。そのため，第二言語学習者は「過剰受動化」を行って，非対格動詞の文で be ＋過去分詞が産出・容認されるというわけである。しかし 2.2 で見るように，非対格動詞でも be ＋過去分詞の容認は一様ではなく，非能格動詞でも容認される場合があり，しかもその容認には意味が関わっている [10]。仮に移動と be ＋過去分詞に関係があるとしても，それだけが原因ではないことは明らかである。

2.2　助動詞選択階層にもとづく自動詞の分類とその分類にもとづく説明

　イタリア語などでは，自動詞が完了相を表す場合，助動詞として英語の have と be に相当する助動詞が用いられる。その違いは図 4 の助動詞選択階層で捉えることができる [11]。A 〜 D は非対格動詞，E 〜 G は非能格動詞である。A に近い方が be，G に近い方が have とともに使われる場合が多い。

BE 選択（最も変異がない）

A 場所の変化　　　　　　（例 arrive, fall, go）
B 状態の変化　　　　　　（例 emerge, happen）
C 状況の継続　　　　　　（例 last, stay）
D 状態の存在　　　　　　（例 exist, belong）
E コントロールされないプロセス（例 shudder, cough）
F コントロールされたプロセス（動作的）（例 swim, hike）
G コントロールされたプロセス（非動作的）（例 talk, work）

HAVE 選択（最も変異がない）

図 4　助動詞選択階層（Sorace, 2000，Table 1 にもとづく）

　非対格動詞 A〜D の違いは，動詞のもつ完結性によって決まる [12]。A の動詞が用いられた文は完結性がある。たとえば，arrive が用いられた文では，arrive する前とした後で，主語名詞句が指すモノや人の位置が必ず変化する。(5a) では，Some professors は arrive の前には the station 以外の位置に，

10　本章で扱う研究のほか，Ju (2000)，近藤 (2019, 2023) などを参照されたい。

11　Sorace（2000）

12　Sorace（2000）。実際には完結性は文全体で決まる。本章 3 節をご参照いただきたい。

arrive の後は the station にいる。一方 C タイプの動詞が用いられた (5b) では,
状態は継続的で,完結性はない [13]。

(5) a. Some professors arrived at the station. (=2b)

    b. Once again, my brother remained alone.

  Yusa (2003) は,図 4 の助動詞選択階層が,言語の普遍的な規則にもとづ
くとすれば,学習者の文法にも影響すると予測し,実験を行った。実験で
は,日本語を母語とする英語学習者が,−2 (clearly bad English) から＋2
(clearly good English) の 5 段階で文を判断した。その結果,be ＋過去分詞に
ついて,非対格動詞では完結性の有無で認否の度合いが異なった (平均は完
結性有が−0.69,無が−1.05)。完結性がある場合,非対格動詞のほうが非能
格動詞よりも否認の度合いが低かった (平均は−0.69 と−1.59)。また,イタ
リア語などでは非能格動詞でも (6) のように着点の有無で be と have が使い
分けられる場合がある。英語学習者の判断も着点の有無によって異なり,be
＋過去分詞は,着点がある場合のほうがない場合より,有意に容認度が高
かった (平均は−0.68 と−1.45)。

(6) a. Gianni   è corso   a casa.   (= Yusa, 2003 (16d))

      Gianni   is run   home

    b. Gianni   ha Corso.   (= 同 (16c))

      Gianni   has run

  また,「〜し尽くす」という意味の非能格動詞の文 (7a) は,英語の母語話
者は be ＋過去分詞を容認するが,そうではない文 (7b) は否認する [14]。この
点についても,学習者は同様の判断をした (平均は 0.9 と−1.8)。

(7) a. John was all cried out.

    b. John was cried.

---

13   この完結性 (telicity) の記述は正確とは言えない。この点は再び 3 節で触れる。

14   Arad (1998) (Yusa (2003) からの引用)。

　これらのデータは，図 4 の階層性が学習者の言語知識に関係していること
を示している。Yusa (2003) は，この階層性がインプットからでは習得でき
ないことから，学習者の文法知識は，イタリア語など規則と同様の基盤 (普
遍文法) にもとづくと主張している。

　Hirakawa (2006) は，be ＋過去分詞が完結性を表すのであれば，be ＋過去
分詞は過去時制では容認されるが，現在時制では容認されないと予測して，
日本語を母語とする英語学習者を対象に実験をした。実験では動詞のタイ
プ，時制，動詞の形 (能動態と be ＋過去分詞) の 3 つが組み合わされ，容認
度が 5 段階 (−2 から +2) で測定された。その結果を表 1 に示した。学習者
の be ＋過去分詞の判断は，すべてのタイプで 0 に近い。

表 1　Hirakawa (2006)：be ＋過去分詞の文に対する判断 (平均) [15]

タイプと実験に用いられた動詞	時制	学習者	母語話者
タイプ 1：完結的／非対格 (A, B) [16] arrive, (disappear, happen/occur	現在	−0.12	−1.67
	過去	−0.22	−1.64
タイプ 2：非完結的／非対格 (C) survive, stay, last	現在	−0.53	−1.58
	過去	−0.47	−1.39
タイプ 3：コントロールなし／非能格 (E) cough, sneeze, shine	現在	−0.13	−1.58
	過去	0.12	−1.14
タイプ 4：コントロールあり／非能格 (F) play, run, walk	現在	−0.77	−1.86
	過去	−0.86	−1.58

学習者の判断はタイプ 3 と 4 で有意に異なり，また，学習者の半数が一貫し
てタイプ 4 を「正しくない」と判断していることが報告されている。

　Hirakawa (2006) は，タイプ 1 と 2 の間や各タイプの過去時制と現在時制
の間で統計上差がないことから，学習者の be ＋過去分詞に対する容認は，
助動詞選択階層性や完結性では説明できないと述べている。加えて，たとえ
ばタイプ 3 と 4 にも差があり，その差は，be ＋過去分詞が受動文と同じ移
動に起因するという考え方でも説明できないと指摘している [17]。

15　タイプ 5 として他動詞も用いられている。紙幅の関係からここには含んでいない。

16　図 4 助動詞選択階層のどれかを ( ) に示した。タイプ 2 から 4 も同様。

17　さらに非対格動詞と非能格動詞の区別は理論上も難しいと述べている。

2.3 主語の有生性にもとづく説明

　2.1で見たように，自動詞は主語が対象であれば非対格動詞，動作主であれば非能格動詞とよばれる。動作主は，通常，有生である。動かない無生のモノやコトを表す名詞句が非能格動詞の文の主語になる場合，文の意味の解釈が非現実的なものとなる[18]。一方，非対格動詞の文で主語が有生の場合，その主語は出来事に能動的に関わると解釈できる。白畑他（2020）によれば，たとえば arrive という同じ動詞の文でも，（8a）では Mary が自ら行動を起こしたと解釈できるが，（8b）ではそのような解釈はできず，そのため後者では be ＋過去分詞を容認する率が高くなる。

(8)　a.　Mary arrived at Shizuoka Station.　　　　　　　（＝白畑他, 2020,（10b））

　　　b.　A letter from the UK arrived yesterday.　　　　　　（同,（10c））

白畑他（2020）では，下の表2の5つの動詞を用い（9）のような題材を与え，実験参加者に正しい形を選択させた。

(9)　（文脈）太郎は大阪に出張のため，今朝早く自宅を出発しました．

　　　（テスト文）Taro $\left[\begin{array}{c} \text{arrived} \\ \text{was arrived} \end{array} \right]$ at Osaka this afternoon.

　　　　　　　　　　　　　　　　　　　　　　　　　（白畑他, 2020,（14））

　実験の結果のうち，「動詞のみ」を選んだ率を表2に示した。各行の右端の2列の数字を比べれば分かるように，全タイプで主語が有生のほうが無生の場合より「動詞のみ」が選ばれた率が高い。有生の場合はタイプ間に容認度に有意差がないため，助動詞選択階層は無生の場合にだけ働いたと言える。同時に，主語の有生性は be ＋過去分詞の使用と関係はあるが，個々の動詞によって選択に違いがあることも示された。そのため，有生・無生の別のみで be ＋過去分詞の選択が決まるわけではないとも述べられている。

18　白畑他（2020）では「動作主」を「行為者」と呼んでいる。

表 2　白畑他（2020）で「動詞のみ」が選ばれた率（最大値＝ 1）

動詞	意味	完結性 [19]	有生	無生
タイプ 1: arrive	場所変化	*** (強)	.94	.33
タイプ 1: fall	場所変化	*** (強)	.72	.39
タイプ 2: disappear	状態変化	** (中)	.84	.47
タイプ 2: appear	状態変化	** (中)	.81	.62
タイプ 3: belong	状態実在	* (弱)	.89	.66

　以上から，動詞や文による差はあるものの，主語の有生・無生の違いは，be ＋過去分詞の容認の度合いと関連していることが明らかになった [20]。

2.4　先行研究のまとめと問題

　先行研究では be ＋過去分詞の産出・容認の理由として i) 受動文と同じ形が使用される，ii) 完結性を表す助動詞選択の現れである，iii) 主語の有生性が関わっている，と提案されている。文によって容認度に差があることから，語用論的知識も関わっており，これら全てが関わっている可能性が高い。3 つの要因および文ごとの違いを含めた説明は可能だろうか。次節では，学習者言語の知識・使用の記述のための理論的基盤と説明を提案する。

3.　意味要因にもとづく分析

　本節では主語名詞句の意味役割と動詞の表す意味の関係について分析し，動作主と対象と動詞と関わり方と意味要因の関係を見る。(10) の分析から始めよう。

(10)　Some students broke the sculpture.

　(10) には，3 つの出来事・状態が含まれている。1 つは動作主の Some students が対象の the sculpture に＜行為＞（働きかけ）をするという出来事，

19　白畑他（2020）は，この表のように，動詞の持つ完結性を強・中・弱としているが，3 節でみるように，完結性は有・無のいずれかである。

20　近藤（2019, 2023）も参照されたい。

もう1つは (壊れる前の) the sculpture が壊れた後の the sculpture (元の sculpture ではない) に＜変化＞するという出来事, さらにもう1つは the sculpture が壊れた(もはや元の sculpture ではない)状態だという＜結果＞である [21]。これを (11) のように表す。(11) の X, Y はそれぞれ, X = some students, Y = the sculpture を表す。この3つの意味は図5のように図示できる。

(11) a. X が Y に対して何らかの行為をする。＜行為＞

   b. Y が break という変化をする。＜変化＞

   c. Y が break した結果の状態 (Y') になる。＜結果＞

図5　break の他動詞用法の意味

非対格用法の文 (12a) や受動文 (12b) はどう分析されるか。二つに意味上の違いがあることは, たとえば (12a, b) に不定詞句を加え (12c, d) にすると片方だけが非文になることから, 明らかである。

(12) a.　The sculpture broke.

   b.　The sculpture was broken.　　　　　　　　　　　　　　　　(= 4)

   c.　#The sculpture broke to collect insurance.

   d.　The sculpture was broken to collect insurance.

なぜ (12c) は意味上不自然になるのか。これは, この文に, 解釈に必要な不定詞句 to collect insurance の動作主が含まれていないためだと考えられる。つまり break の非対格用法の文には, 上の図5の＜動作主＞および＜行為＞

21　ここでの分析は影山 (1996), 丸田 (1998, 2002) にもとづくが, ＜結果＞が独立した意味単位である点と動詞の意味概念構造が文の派生で決定される点で, これらとは異なる。＜結果＞は変化した後の動作主や対象の状態を表す。

が含まれない。(12a) を図示すると，図6のようなる。

図6　break の非対格用法の意味

　一方，(12d) は受動文であり，＜動作主＞の存在が暗示されている[22]。(12b) も (10) と同様，意味の要素は，図5で表される。図5と6には共通して，対象 Y の＜変化＞と＜結果＞が含まれている。

　次に (13) の非対格動詞 arrive と belong を含む文の意味を考えよう[23]。

(13) a.　Taro arrived at Osaka this afternoon.　　　　　　　　((9) 参照)

　　 b.　Ken belongs to the baseball club at school.

　(13a) は位置の変化を (14a) の形で分析できる。図6にあてはめると，「Y$_{位置}$＝大阪以外」「Y'$_{位置}$＝大阪」となる。一方，(13b) は＜変化＞も＜結果＞もなく，図6にはあてはまらない。

(14) a.　太郎は大阪以外にいる→＜変化＞→太郎は大阪にいる＜結果＞

　　 b.　ケンは学校で野球部に所属している（＜変化＞＜結果＞なし）

　ここで，非能格の文も，終点がある場合は＜行為＞＜変化＞＜結果＞を含むことに注意が必要である。下の (15a) は John の変化の＜結果＞はないが (15b) には＜結果＞（＝着点にいる状態）がある。(15b) では＜動作主＞（X ＝ John）が位置変化の＜対象＞（Y ＝ John）でもあり，意味は図7で示される。X（＝ X'）は「hike の前の John の位置」，X' ＝ Y' は「hike の結果の位置（the village）」である。

22　丸田 (2002) などを参照されたい。

23　(13a) は 2.3 (9) に示した白畑他 (2020) の実験の例文の一部であり，(13b) は同論文の (14) を引用した。

(15) a.　John hiked all morning yesterday.

　　b.　John hiked to the village.

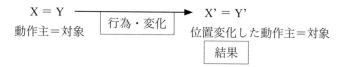

図7　着点のある非能格動詞の意味

図 5, 6, 7 を重ねると，本節で見た文の要素は，図 8 で示すことができる。

図8　状態変化を伴う他動詞と自動詞の意味

　図 8 に含まれる要素を意味単位だとすると，＜動作主＞＜行為＞＜対象＞
＜変化＞＜変化した対象＝結果＞の 5 つがある[24]。

　ここで，重要な点として，＜結果＞は，時制とは関係ないことを指摘して
おきたい。これは (16) に「結果として大阪にいる」という（未来の）
＜結果＞が文の意味に含まれることからも明らかである。

(16)　Taro will arrive at Osaka this afternoon.

＜結果＞の有無は文全体で決まる。たとえば walk が用いられた文では，
(17a) のように終点がなければ＜結果＞はなく，(17b) のように終点があれ
ば＜結果＞がある。また (17c) のように every morning をつければ，＜結果＞

---

[24]　ここで分析した自動詞の他に，sneeze など動作のみで変化／結果のない非能格動詞が
　　ある。また The explosion broke the window.（Vendler, 1984）のように，＜動作主＞ではなく
　　＜原因＞が変化を引き起こす場合がある。

をともなう動作が繰り返され，文全体では＜結果＞がなくなる。

(17) a.　Mary walked.

　　b.　Mary walked a mile.

　　c.　Mary walked a mile every morning.

さらに (17b) の過去時制を現在時制にすると (18a) になり，特別な文脈がない場合は，習慣を表す。未来を表す文でも (18b) のように時間が指定されると，終点のある出来事を表し，＜結果＞を含むが，時間を指定しても (18c) のように終点が表されない場合，＜結果＞は表されない。これは (18d) のような過去時制でも同じである。このように＜結果＞は時制や時間を表す表現と関係しているが，1 対 1 では対応しない。

(18) a.　Mary walks a mile.

　　b.　Mary will walk a mile tomorrow.

　　c.　Mary will walk many miles tomorrow.

　　d.　Mary walked many miles yesterday.

　さらに，「完結性」と，本節で述べてきた＜結果＞との関係について，説明を加えておこう。完結性があるという場合には，＜変化＞が＜対象＞全体に及ぶことを表す場合が多い。このような定義にもとづけば，対象全体が変化したことを表すため，英語では，対象を表す名詞句が，a, two, all, both などの境界性のある数量詞や定冠詞・指示詞のある名詞句となる。したがって，英語の場合は (19a–c) のような文は，完結性があるが (19d–f) のような文は完結性がないとされる。これは (19a–c) では「壊れた状態の彫刻」は 1 つで，その彫刻は壊れている（変化が完結している）のに対し，(19b, c) の意味には，「壊れた状態の彫刻」の存在のほかに，「壊れていない状態の彫刻」の存在が含意されるためである [25]。

25　完結性について，より詳しくは Verkuyl (1993) および Filip (2008) を参照されたい。2 節で見た，Yusa (2003), Hirakawa (2006), 白畑他 (2020) で扱われている完結性は，ここでの説明とは異なる点がある。

(19) a. Tom broke the sculpture.

    b. The sculpture broke. (=12a)

    c. The sculpture was broken. (=12b)

    d. Tom broke some sculptures.

    e. Some sculptures broke.

    f. Some sculptures were broken.

　本章で用いている＜結果＞は，このような「完結性」とは異なる。(19)は，＜対象＞がいずれも＜変化＞して＜結果＞として壊れた状態となることを表すため，＜結果＞が存在することになる。

4.　学習者が be ＋過去分詞を使う理由：結果に力点

　本節では，＜変化＞＜結果＞を用いて，学習者の文法知識を考えよう。2.2 の Yusa (2003) では，文に＜変化＞＜結果＞が含まれている場合には be ＋過去分詞が使用されやすく，＜変化＞しかない文では使用されにくかった。たとえば，上の (15a, b) の動詞を be ＋過去分詞にした (20a, b) に対する学習者の要因度はそれぞれ−1.45 と−0.68 で有意差があった。

(20) a. John was hiked all morning yesterday.

    b. John was hiked to the village.

したがって，学習者の文法では be ＋過去分詞は＜結果＞（対象が変化した後の状態の存在）を表すと考えられよう。ただし＜結果＞が含まれる命題には必ず＜変化＞の意味が含まれるため，それだけを表すと言うよりは，＜結果＞に「力点」を置いていると考えるのが自然であろう[26]。つまり，学習者の文法で be ＋過去分詞が用いられる自動詞文の意味は，図 9 のように表すことができる。

26　力点を置くとはどういうことかについて，詳しい分析は今後の課題としたい。

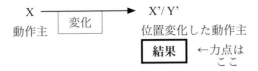

図 9　be ＋過去分詞が用いられた自動詞の意味

　白畑他（2020）の発見した有生性の影響も「学習者の文法では be ＋過去分詞は，結果に力点をおくために用いられる」という考え方で説明できる。2.3 で見た（21 ＝ 8）および be ＋過去分詞を用いた文で考えよう。

（21）a.　Mary was arrived at Shizuoka Station.

　　 b.　Mary arrived at Shizuoka Station.　　　　　　　　　　　（＝（8a））

　　 c.　A letter from the UK was arrived yesterday.

　　 d.　A letter from the UK arrived yesterday.　　　　　　　　（＝（8b））

学習者の文法では be ＋過去分詞の文では，＜結果＞に力点が置かれると考えると，（21a）では，「Mary が静岡にいる」という＜結果＞に力点が置かれ，（21b）では「Mary が静岡に到達するという変化」あるいは，「Mary がその変化に主体的にかかわっていること（つまり「動作主」として「行為」を行っていること）」に力点が置かれる。この場合，Mary は対象（Y）であると同時に行為者（X）でもある。（21a）は図 10，（21b）は図 11 のように図示できる。

図 10　（21a）の意味

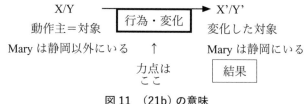

図 11 （21b）の意味

（21c）の意味を図示した図 12, 13 を図 10, 11 と比較すると, 図 12 は図 10, 11 にある＜行為＞がないため, 図 13 のような意味解釈が起こりにくく, （21d）が使用されにくいと説明できる。

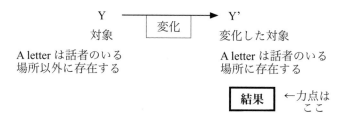

図 12 （21c）の意味

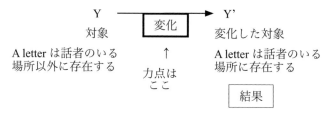

図 13 （21d）の意味

　学習者の文法とは異なり, 英語母語話者の文法では＜結果＞に力点があることは, be＋過去分詞でには表されない。本節での考察が正しく, 学習者のbe＋過去分詞にそのような意味があるとすれば, 学習者のほうが母語話者よりも緻密な内容を形態統語論的に表していることになる。学習者の文法は母語話者の文法より表現がきめ細やかなのである。

5.　おわりに

　本章では学習者が自動詞とともに用いる be ＋過去分詞を取り上げ，先行研究を紹介した後，文の意味分析を行い，その分析を用いて学習者が be ＋過去分詞を＜結果＞に力点がおく場合に用いていると提案した。重要な点は学習者の産出・容認する文を言語知識を解き明かす鍵と捉え，その解明のための理論・モデルを用いて緻密な分析を行うことである。本章でもこれまでの言語学にもとづく第二言語習得研究と同様，学習者が無意識の言語知識を作り，それをもとに見たことも聞いたこともない文を産出・容認していることが明らかにされた。

　同時に，新たな課題・問題も浮かび上がってきた。たとえば，本章での考察にもとづけば be ＋過去分詞の使用には母語の影響は予測されず，先行研究からこの予測は正しいと考えられるが，さらなる実証研究が必要である。理論面では，なぜ結果に力点がおかれるか，be ＋過去分詞という形が用いられるのはなぜかという問題がある。いずれも今後の課題としたい。

【外国語教育に関わる人が知っておくべきポイント】

　学習者の「誤り」は，学習者が構築した文法知識にもとづいて現れる。これは学習者が（無意識に）言語習得に主体的に関わっていることを示す。しかし，外国語学習者も母語話者も，自分自身のもっている言語知識を自分のことばで説明できるわけではない。第二言語習得研究の成果は，英文法のテキストには載っていないが，教員や学習者自身が学習者の行動の原因を知るために必要不可欠な重要な分野である。

【執筆者から読者へのメッセージ】

　第二言語習得研究では，他の科学研究と同様，1 つの問題の発見とその解明は新たな問題を生み出し，その新たな問題に対する解明がさらに新たな問題を浮かび上がらせる。したがって，現在の「答」よりも問題解明のための「考え方」を知るほうが価値が高い。本章で見えてきた新たな課題・問題は，私自身の研究課題としたいが，皆さんに取り組んでいただくのも大歓迎である。読者の皆さんには，日本第二言語習得学会（J-SLA）などにもご参加いただきたい。第二言語習得研究は面白いですよ！

付 記

本研究は中央大学特定課題研究の助成を受けている。平川眞規子氏，木村崇是氏，査読者・編集者からは貴重なコメントをいただいた。ここに記して感謝申し上げる。

参照文献

Arad, M. (1998). VP-structure and the syntax-lexicon interface. *MIT Occasional Papers in Linguistics, 16.* MIT press.

Balcom, P. (1997). Why is this happened? Passive morphology and unaccusativity. *Second Language Research, 13*(1), 1–9. https://doi.org/10.1191/026765897670080531

Burzio, L. (1986). *Italian syntax: A government-binding approach.* Springer. https://doi.org/10.1007/978-94-009-4522-7

Chomsky, N. (1995). *The minimalist program.* MIT press.

Chomsky, N. (2001). Derivation by phase. In M. Kenstowicz (Ed.), *Ken Hale: A life in language* (pp. 1–52). MIT press.

Corder, S. P. (1967). The significance of learner's errors. *International Review of Applied Linguistics in Language Teaching, 5*(4), 161–170. https://doi.org/10.1515/iral.1967.5.1-4.161

Filip, H. (2008). Events and maximalization: The case of telicity and perfectivity. In S. Rothstein (Ed.), *Crosslinguistic and theoretical approaches to the semantics of aspect* (pp. 217–256). John Benjamins. https://doi.org/10.1075/la.110.10fil

藤田耕司 (2014).「生成文法と複雑系言語進化」『計測と制御』*53*(9), 862–864. https://doi.org/10.11499/sicejl.53.862

Hirakawa, M. (1995). L2 acquisition of English unaccusative constructions. In D. MacLaughlin, & S. McEwen (Eds.), *Proceedings of the 19ᵗʰ Boston University Conference on Language Development* (pp. 291–302). Cascadilla Press.

Hirakawa, M. (2006). 'Passive' unaccusative errors in L2 English revisited. In R. Slabakova, S. Montrul, & P. Prevost (Eds.), *Inquiries in linguistic development* (pp. 17–39). John Benjamins. https://doi.org/10.1075/z.133.03hir

穂苅友洋 (2016).「日本語母語話者の中間言語における英語受動形態素の統語性質―日本語間接受動文の影響から―」『人文研紀要』(中央大学人文科学研究所) *83*, pp. 61–107.

穂苅友洋・木村崇是 (2019).「英語受動文習得における学習者母語の役割―日本語話者と韓国語話者に対する実験から―」『人文研紀要』(中央大学人文科学研究所) *92*, pp. 27–59.

Ju, M. K. (2000). Overpassivization errors by second language learners: The effect of conceptualizable agents in discourse. *Studies in Second Language Acquisition, 22*(1), 85–111. https://doi.org/10.1017/S0272263100001042

影山太郎 (1996).『文法と語形成』ひつじ書房.

近藤隆子 (2019)．「第二言語学習者による自動詞の習得」白畑知彦・須田孝司 (編)『言語習得研究の応用可能性―理論から指導・脳科学へ―』(pp. 31–68)．くろしお出版．

近藤隆子 (2023)．「自動詞の過剰受動化の原因」大滝綾乃・須田孝司・横田秀樹・若林茂則 (編)『言語の習得』くろしお出版．(本書)

Levin, B., & Rappaport Hovav, M. (1995). *Unaccusativity: At the syntax-lexical semantics interface.* MIT Press.

丸田忠雄 (1998)．『使役動詞のアナトミー―語彙的使役動詞の語彙概念構造―』松柏社．

丸田忠雄 (2002)．「第 5 章 動詞のクラスと交替現象」中村捷・金子義明 (編)『英語の主要構文』(pp. 41–50)．研究社．

Montrul, S. (2000). Transitivity alternations in L2 acquisition. *Studies in Second Language Acquisition, 22*(2), 229–273. https://doi.org/10.1017/S0272263100002047

Montrul, S. (2001). First-language-constrained variability in the second-language acquisition of argument-structure-changing morphology with causative verbs. *Second Language Research, 17*(2), 144–194. https://doi.org/10.1177/026765830101700202

Oshita, H. (2000). What is happened may not be what appears to be happening: A corpus study of 'passive' unaccusatives in L2 English. *Second Language Research, 16*(4), 293–324. https://doi.org/10.1177/026765830001600401

Perlmutter, D. (1978). Impersonal passives and the unaccusative hypothesis. *Berkeley Linguistics Society, 4*, 157–189. https://doi.org/10.3765/bls.v4i0.2198

Radford, A. (2016). *Analysing English syntax* (2nd ed.). Cambridge University Press.

島越郎 (2002)．「名詞句移動」中村捷・金子義明 (編)『英語の主要構文』(pp. 51–60)．研究社．

白畑知彦・近藤隆子・小川睦美・須田孝司・横田秀樹・大瀧綾乃 (2020)．「日本語母語話者による英語非対格動詞の過剰受動化現象に関する考察」白畑知彦・須田孝司 (編)『第二言語習得研究の波及効果―コアグラマーから発話まで―』(pp. 31–55)．くろしお出版．

Sorace, A. (2000). Gradients in auxiliary selection with intransitive verbs. *Language, 76*(4), 859–890. https://doi.org/10.2307/417202

Takami, K., & Kuno, S. (2017). Functional syntax. In M. Shibatani, S. Miyagawa, & H. Noda (Eds.), *Handbook of Japanese synta*x (pp. 187–234). De Gruyter Mouton.

Vendler, Z. (1984). Agency and causation. *Midwest Studies in Philosophy, 9*(1), 371–389. https://doi.org/10.1111/j.1475-4975.1984.tb00068.x

Verkuyl, H. (1993). *A theory of asp*ectuality. Cambridge University Press. https://doi.org/10.1017/CBO9780511597848

Yip, V. (1995). *Interlanguage and learnability: from Chinese to English.* John Benjamins. https://doi.org/10.1075/lald.11

Yusa, N. (2003). 'Passive' unaccusatives in L2 acquisition. In P. M. Clancy (Ed.), *Japanese/ Korean Linguistics*, *11* (pp. 246–259). CLSI.

Zobl, H. (1989). Canonical typological structures and ergativity in English L2 acquisition. In S. Gass, & J. Schachter (Eds.), *Linguistic perspectives on second language acquisition* (pp. 203–221). Cambridge University Press.

10
英語文法項目別の習得困難度
―大学生を対象とした予備調査―

白畑知彦・横田秀樹

1. はじめに

　本章では，日本語を母語とする大学生 236 名に協力いただき，文法性判断テスト（grammaticality judgment test：GJT）を使用して収集した，英語の文法項目別習得困難度順序の調査結果を紹介する。題名に「予備調査」と副題を加えたのは，今回の報告は，研究の第一段階の報告であり，調査自体は途に就いたばかりであるからだ。今回の調査結果と，そこから明らかになった問題点を基に，使用した調査方法等をさらに適切な方向に修正し，さらに大規模に，かつ詳細に，日本語を母語とする英語学習者（Japanese Learners of English：JLEs）の習得困難度順序を解明しようと考えている。

　英語を教えていると，どの英文法項目も同程度に学習困難ではないことが経験的に分かる。たとえば，JLEs は冠詞や名詞の複数形などの習得が困難であると先行研究にも書かれているし，実際に，冠詞を脱落させたり，複数形の -s を付加しなかったりする誤りを目にする。また，語順は正しいのであるが，Today is busy. のような英文も産出されることに気づく。他にも様々な種類の誤りがあることに気づかされる。それでは一体，どの文法項目が習得困難で，どの項目が容易なのか。この問いに対する明確な答えが欲しい。

　第二言語 (L2) を習得する過程で，学習者に共通する習得困難度順序が存在すると言われている。Krashen (1985) は，それまでに行われてきた，L2 としての英語の文法形態素習得の調査結果を整理し，図 1 に示す順序を提案した。右に行くほど習得困難度が高くなるとした。そして，この順序は，どの L2 話者にも共通する困難度順序であるとも主張した。

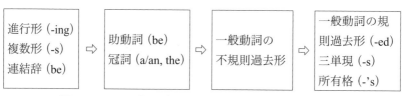

図1　Krashen（1985）による形態素習得（困難度）順序 [1]

　しかしながら，図1の習得困難度順序はかなり大雑把なものだと言わざるを得ない。Krashen などは，学習者の母語からの影響は極めて限定的なものであると主張するが，後続する研究では母語の影響が顕著に表れているものが多い。たとえば，Shirahata（1988）は JLEs には冠詞の習得が困難であるが，所有格はさほど困難ではないという実証データを提示している。次に，たとえば「名詞の複数形」と大括りをするが，そこには様々な下位区分が存在する。可算名詞の複数形（-s）の習得と不可算名詞には複数形（-s）がつけられないことを習得するのとでは，習得困難度が同じであるとは経験的にも考えにくい。また，すべての不規則過去形がすべての規則過去形よりも習得が容易であるとも考えにくい。L2 学習者の中間言語体系の実態を解明するには，図1のような大まかな困難度順序を提示することで終わりにするのではなく，より細かいデータ収集と分析が必要である。このような動機付けの下に，JLEs の英語文法項目別習得困難度順序の解明を始めた。

2.　背景知識

　英語文法項目別習得困難度順序の先駆的研究として，Johnson & Newport（1989）（以下，J&N（1989））などがある [2]。これらの研究は，本来，言語習得の臨界期や学習開始年齢の影響を調査することが目的で，文法項目の習得困難度について考察しているわけではない。しかし，どの研究においても，調査した文法項目間の習得困難度について詳細な結果が示されており，その調査方法などを含め，本研究に少なからず影響を与えているため説明を加えていきたい。

1　連結辞（be）とは，たとえば Mary *is* a student. の is のような be のことであり，John is playing tennis. の助動詞（be）とは区別される。

2　他にも Johnson（1992）や白畑・若林・須田（2004）などを参照。

　J&N（1989）は，アメリカへの移住年齢が 3 歳から 39 歳で，滞米年数が 3 年から 26 年の，韓国語または中国語を母語とする 46 人を対象に，12 種類の英文法項目に対する文法性判断を実施した。12 種類の文法項目は，過去形（PST），複数形（PLU），三単現（3PS），現在進行形（ING），限定詞（DET），代名詞の用法（PRO），不変化詞の用法（PAR），動詞の下位範疇化（SUB），助動詞（AUX），Yes/No 疑問文（YNQ），Wh 疑問文（WHQ），語順（ORD）である [3]。実験参加者は，それぞれの文法項目の文法的適格文と不適格文をスピーカーから流れてくる音声で聞き，文法的に適切か誤りかどうかを○×式で回答欄に記入していった。

　中心的な実験結果として，渡米時の年齢の違いによる影響が報告されている。英文法習得（困難度）順序という観点からは，実験参加者の渡米時の年齢に関係なく ING や ORD がどの学習開始年齢（渡米年齢）グループでも習得容易で，逆に DET や PLU の困難度は高いことが示された。さらに興味深いことに，Dulay & Burt（1973）などの研究では，限定詞（DET）は比較的容易だと報告されているが，J&N（1989）では最も難度が高くなっていた [4]。Dulay & Burt（1973）の調査対象者は，英語をアメリカで習得するスペイン語または中国語を母語とする子どもたちであったが，J&N（1989）の対象者と同じ中国語母語話者を含むことを考えると，大人と子どもの年齢の相違以外にも，音声的に弱い音で発音される文法形態素の脱落に関しては，産出データと GJT データとの違いが影響している可能性も捨てきれない。

　Johnson（1992）は，J&N（1989）と同様の実験を，音声を用いてではなく筆記テストで行った。この方法によって J&N（1989）で指摘された実験時の集中力の問題などは軽減された。結果は，J&N（1989）と同じ困難度順序が得られたと報告している。GJT を使用したこれらの実験結果が妥当性の高いものであるならば，音声を用いた方法でも筆記でも，L2 英語学習者の習得

3　限定詞（DET）とは a, the, some などを指す。また，不変化詞の用法（PAR）は，たとえば *John *got* the train *on* at seven o'clock.* のように動詞と前置詞を分離して使用できないこと，さらに，動詞の下位範疇化（SUB）は，*John refused that Mary came to his house.* のように動詞 refuse の下位範疇として that 節は取れず，refuse to のように to 不定詞が必要であることなどを指す。

4　DET は比較的容易だと報告する研究は，他にも Dulay, Burt & Krashen（1982），Krashen（1985）などがある。

困難度順序は変わらないということになる。

　白畑・若林・須田（2004）では，高校生 JLEs を実験対象者として J&N（1989）などと同様の 12 種類の文法項目の習得困難度を調査した。実験結果から 3 つの特徴を報告している。1 つ目は，高い正答率を示した項目と低い正答率を示した項目があったこと。2 つ目は，小学校で英語教育を受けてきた高校生と中学校から英語教育を開始した高校生で困難度順序が類似していたこと。3 つ目は，高校生 JLEs の困難度順序と，同じく筆記試験で GJT の結果を収集した Johnson（1992）の困難度順序が類似していたこと。実験対象者の母語や学習環境が異なるにもかかわらず，類似した困難度順序が見つかったことは，普遍的な習得順序の存在を暗示するものだと述べている。

　最後に，本実験の直接的なたたき台となった研究が，横田・白畑（2021）である。160 名の大学 1 年生 JLEs が実験参加者となり，J&N（1989）同様，12 個の文法項目の習得困難度順序を GJT を使用して調査した。調査対象となった英文は 1 項目につき 4 文あり，全部で 48 文あった。実験文はすべて非文であるが，実験参加者には，正誤を判断し，誤りがある場合には訂正することを求めた。調査結果を基に，大学生 JLEs の習得困難度順序を提示しているが，それは次のようになる。カッコ内は誤りの割合である。

(1)　横田・白畑（2021）での JLEs の習得困難度順序（易⇒難）
　　　YNQ（9.7%）⇒ AUX（16.3%）⇒ 3PS（23.0%）⇒ ING（28.3%）／ ORD（28.3%）⇒ PST（32.0%）⇒ WHQ（42.8%）⇒ PRO（49.4%）⇒ PLU（52.8%）⇒ DET（63.8）⇒ SUB（74.4%）

　以上，いくつかの先行研究を考察してきた。これらの研究の最大の問題点は，分析が大まか過ぎるということだ。「はじめに」でも述べたが，たとえば，「語順（ORD）」という文法項目には様々な下位区分が含まれる。例をあげれば，SVO の語順，SVOO の語順，SVOC の語順，副詞の位置，分詞の名詞修飾の際の語順，不変化詞の位置などがあげられる。先行研究ではこれらの区別がなされていない。2 点目として，白畑・若林・須田（2004）と横田・白畑（2021）で，実際のデータを直に分析した結果，同一の文法項目に属している質問文同士でも，正答率に大きな差が出る場合もあるということ

である。つまり，質問 A が 30％の正答率であるのに，質問 B は 70％の正答率を示したりすることがある。このような差が生じる原因が必ずあるはずで，同一種類の質問群であっても，機械的に平均値を出し，「50％の正答率である」などと決めつけてしまうのには問題がある。

3.　実験
3.1　調査対象者
　中学校，高等学校と，最低 6 年間，日本の教室環境で英語教育を受け，実験時は大学 1 年生で，一般教育科目としての英語を週 2 回履修している 236 名が実験参加者であった。彼らは TOEIC®Listening & Reading Test の得点で 400 点から 500 点の間に属する JLEs である。

3.2　調査方法
　本調査方法は J&N (1989), DeKeyser (2000), 白畑・若林・須田 (2004), 横田・白畑 (2021) に準じ，GJT を使用した。また，広範囲の文法項目を探るため，横田・白畑 (2021) を基に刺激文の数を増やした。具体的な手続きは，与えられた英文の文法性を判断させ，その上で当該英文に誤りがあると思えば，その誤りを指摘し修正してもらう課題を与えた。誤りを指摘するだけでなく，その誤りを正しく修正することも課した。理由は，〇か×かを記入するだけでは，ある文を正しく誤りと記入しても，なぜその文が誤りであるのか本当に分かっているかどうかが不明だからである。よって，正しく修正できている回答のみを「正解」とみなした。また，実験に使用された刺激文はすべて誤りを含むものとした。刺激文のすべてに誤りを含むことにしたのは，誤りを含む文において，誤りを正しく指摘できることをもって，当該文法項目を習得 (理解) していると考えたからである [5]。

3.3　調査項目
　調査項目を以下の表 1 〜表 13 に示す。DeKeyser (2000) で使用された質問

5　DeKeyser (2000) は，GJT は正誤両方を含む刺激文を使用しているが，文法項目別の困難度を分析する際には，誤りを含む文のみを対象としている。

文をベースにしたが，使用する語彙は JLEs に馴染みのあるものに変換したり，JLEs 独特の誤りを想定し，新しい項目を加えたりし，13 種類 31 項目，合計で 62 問を出題した。基本的には 1 項目につき 2 題の英文を出題するように作成したが，テスト終了後の分析段階で出題方法に不備があったことが判明し，この原則を守れなかった箇所も出来てしまったことは今後の課題である。なお，表 1 の「項目」の中の（　）内の数字は出題数を示している。

表 1　時制に関わる出題項目 [6]

		項目	例文
1.1		一般動詞の過去形に関する誤り	
	1.1A	規則過去形 -ed が脱落した誤り（2）	*The old lady die two years ago.
	1.1B	不規則過去形が規則過去形になった誤り（2）	*Janie taked a picture of her mother yesterday.
	1.1C	不規則過去形にさらに -ed が付加された誤り（2）	*Mary sanged a lot of songs last night.
1.2		三人称単数現在形 -s に関する誤り	
	1.2A	必要な三単現 -s が脱落した誤り（2）	*Mr. Trump clean his house every Wednesday.
	1.2B	助動詞の後の動詞に -s が付加された誤り（2）	*John can plays the piano very well.
1.3		二重時制表示している誤り	
	1.3A	助動詞と本動詞の二重時制の誤り（2）	*Did you met your friend yesterday?

表 2　名詞の複数形

	項目	例文
2A	必要な複数形 -s が脱落した誤り（2）	*The typhoon destroyed many house last week.
2B	不規則複数形が規則複数形になった誤り（1）	*Two mouses ran into the house this morning.
2C	不規則複数形にさらに -s が付加された誤り（1）	*The boy lost two teeths in the car accident.
2D	不可算名詞に -s を付加した誤り（2）	*My friend bought three furnitures last week.

6　「*」は非文法的な文でることを示している。

表3　現在進行形

	項目	例文
3A	-ing が脱落した誤り（2）	*Janet is wear a red dress now.
3B	be が脱落した誤り（2）	*Tom working in his office right now.
3C	Will などの助動詞の後ろに is + -ing が付加された誤り（2）	*Mary will is coming to the party soon.

表4　冠詞

	項目	例文
4A	必要な冠詞が脱落した誤り（2）	*Tom often reads book in the bathtub.
4B	不必要な冠詞が付加している誤り（2）	*I think that the red is a beautiful color.

表5　代名詞

	項目	例文
5A	ジェンダーの不一致による誤り（2）	*The girl saw himself in the mirror.
5B	代名詞の格変化の誤り（2）	*Mr. Suzuki likes we.

表6　自動詞と他動詞

	項目	例文
6A	自動詞の過剰受動化の誤り（1）	*The car accident was happened last night.
6B	他動詞の目的語脱落の誤り（3）	*Mike wrote a letter but didn't send.

表7　動詞の下位範疇化

	項目	例文
7A	want + that 節となった誤り（1）	*I want that you will go to the bookstore right now.
7B	refuse + that 節となった誤り（1）	*John refused that Mary came to his house.

表8　Wh 疑問文

	項目	例文
8A	名詞句が wh 随伴していない誤り（2）	*What do you like food?
8B	主語 wh 疑問文に do が過剰付加されている誤り（2）	*Who did buy the book?

表 9   語順

	項目	例文
9A	SVO が *SOV となった誤り（2）	*The boy a cake ate.
9B	SVO₁O₂ が *SVO₂O₁ となった誤り（2）	*The woman asked the way to the station the policeman.
9C	SVOC が *SVCO となった誤り（2）	*John made happy Mary.
9D	副詞の位置の誤り（2）	*Tom eats quickly his lunch.
9E	分詞の名詞修飾の際の語順の誤り（2）	*Made in Sweden chairs are very expensive.
9F	不変化詞の位置の誤り（2）	*John got the train on at seven o'clock.

表 10   前置詞

	項目	例文
10A	for を to とする誤り（1）	*John bought a present to Mary.
10B	to を for とする誤り（1）	*Tom sent some flowers for Mary.

表 11   主題と主語

	項目	例文
11A	主題句と主語句の混同による誤り（2）	*My family is five people.

表 12   関係代名詞

	項目	例文
12A	代名詞が残留する誤り（2）	*The girl whom I met her yesterday was Mary.

表 13   関係副詞

	項目	例文
13A	前置詞が残留する誤り（2）	*This is the house where Taro lives in.

4. 実験結果

　実験結果を項目別に示し，それぞれの結果について考察していきたい。各英文の後にある（　）内の数字は正答率である。つまり，誤りの箇所を正しく誤りと判断し，訂正も正しくできた回答の割合である。

4.1　時制に関する GJT の結果と考察

1.1A：規則過去形 -ed が脱落した誤り（2 問）

    1.1A-a：*The old lady die two years ago.（70.8%）

    1.1A-b：*Sandy call Mary last night.（86.0%）

1.1B：不規則過去形が規則過去形になった誤り（2 問）

    1.1B-a：*Janie taked a picture of her mother yesterday.（43.2%）

    1.1B-b：*John gave Mary a present on her birthday yesterday.（39.8%）

1.1C：不規則過去形にさらに -ed が付加した誤り（2 問）

    1.1C-a：*Mary sanged a lot of songs last night.（82.6%）

    1.1C-b：*Mr. Ryan readed two mystery books last week.（80.9%）[7]

考察：一般動詞の過去形の文法性判断において，「1.1A：規則過去形 -ed が脱落した誤り」に対する判断は比較的正答率が高かった。しかし，動詞が die と call の場合で，その正答率が 15.2 % もの差があった。これはなぜか。今後はさらに多くの規則過去形を調査し，動詞によって正答率が異なるのかどうか，もしそのような傾向があるのならば，その理由は何かを探索することになる。「1.1B：不規則過去形が規則過去形になった誤り」は，3 つの下位分類の中で最も正答率が低かった（40%程度の正答率）。一方で，「1.1C：不規則過去形にさらに -ed が付加された誤り」の正答率は 80%を超えており，誤りと判断しやすいものであることが分かった。これらの結果から，同じ「過去形の誤り」という範疇に属していても，1.1B の場合が群を抜いてその文法性を判断しにくい形式であることが分かった。

1.2A：必要な三単現 -s が脱落した誤り（2 問）

    1.2A-a：*Mr. Trump clean his house every Wednesday.（60.2%）

    1.2A-b：*My brother sometimes wash his car.（66.9%）

1.2B：助動詞の後の動詞に -s が付加された誤り（2 問）

    1.2B-a：*John can plays the piano very well.（87.3%）

7　read の綴りは，原形（現在形）でも過去形でも同じであり，不規則過去形になっているかどうかは不明である。したがって，ここでは 1.1B とも考えられ，実験に使用しない方が賢明であった。

1.2B-b：*Mary will goes to Europe next year.（91.5%）

考察：1.2 は時制の中でも「三単現 -s」に関する文法性判断テストであるが、「1.2A：必要な三単現が脱落した誤り」の方が、「1.2B：助動詞の後の動詞に -s が付加された誤り」よりも 20％〜 30％も正答率が低かった。若干、意外に思えることは、先行研究である「文法形態素習得（困難度）順序」の一連の研究結果の傾向と比較すると、三単現 -s の文法性判断が比較的容易となっている点である。しかし、J&N（1989）の結果においても、三単現 -s は困難度順で 12 種類の調査項目中、5 番目に容易な所に位置することから、産出タスク中心の文法形態素困難度順序研究と今回の受容タスクである GJT の違いが数字に表れたとも考えられる。つまり、「三単現 -s」は文を読んだりする際にはその誤りを認識しやすいが、話したり書いたりするときには意識が及ばない、つまり明示的にことばで説明できる知識（宣言的知識）は身についているが、自動化され無意識的に使える知識（手続的知識）にはなりにくいという特徴を持っているとも考えられる。

　また、1.2A において、1.2A-a と 1.2A-b では筆者たちが予想していた結果とはむしろ反対の結果を得た。つまり、我々は、主語と動詞の間に sometimes などの副詞が介在している場合の方が主語と動詞の間に距離ができ、正しい文法性判断が下落するのではと予想していたが、結果はそのようにはならなかった。今後は数を増やして吟味する必要がある。

1.3A：助動詞と本動詞の二重時制の誤り（2 問）
　　1.3A-a：*Did you met your friend yesterday?（86.0%）
　　1.3A-b：*Does Ted uses his computer every day?（89.8%）

考察：「1.3A：助動詞と本動詞の二重時制の誤り」についての正しい文法性判断は、時制が現在時制の場合も過去時制の場合も、どちらも高いものであり、このような誤りに対する学習困難度は低いことが判明した。

4.2　名詞の複数形に関わる GJT の結果と考察

2A：必要な複数形 -s が脱落した誤り（2問）

　　　　*The typhoon destroyed many house last week.（52.5%）

　　　　*The farmer bought two pig at the market.（68.6%）

2B：不規則複数形が規則複数形になった誤り（1問）

　　　　*Two mouses ran into the house this morning.（10.2%）

2C：不規則複数形にさらに -s が付加された誤り（1問）

　　　　*The boy lost two teeths in the car accident.（23.3%）

2D：不可算名詞に -s を付加した誤り（2問）

　　　　*I want to get some informations about the accident.（60.6%）

　　　　*My friend bought three furnitures last week.（54.7%）

考察：「名詞の複数形」に関しても，文法性を正しく判断できる割合が，複数形の種類によって大きな差があることが判明した。問題数が1問だけであったが，「2B：不規則複数形が規則複数形になった誤り」の正答率はわずか 10.2% であった。つまり，実験参加者の9割が mouses は「正しい複数形」であると判断したことになる。次に，これも質問数が1問だけであったが，「2C：不規則複数形にさらに -s が付加された誤り」の正答率も 23.3% と低いものであった。当該の名詞がどのような複数形の形を取るかの把握は記憶の問題とも関係があるかもしれない。また，「2A：必要な複数形 -s が脱落した誤り」において，many house は 52.5%，two pig は 68.6% の正答率で，その差が 16.1% あった。同じ可算名詞の複数形であっても正答率にかなり差があった。今後は，調査する可算名詞を増やし，各可算名詞によって本当に差があるのかどうかを調査することになる。「2D：不可算名詞に -s を付加した誤り」の正答率は some informations が 60.6%，three furnitures が 54.7% で，筆者たちが予想していた正答率よりも高いものであった。もちろん，大学1年生ではなく，中学生や高校生を対象にした調査であるならば，正答率はもっと低くなっていた可能性はあるだろう。

4.3　現在進行形に関する GJT の結果と考察

3A：-ing が脱落した誤り（2 問）

　　　*The little boy is speak to a policeman now.（72.5%）

　　　*Janet is wear a red dress now.（64.0%）

3B：be が脱落した誤り（2 問）

　　　*Tom working in his office right now.（76.3%）

　　　*The children playing soccer now.（73.3%）

3C：助動詞の後ろに「is + -ing」が付加された誤り（2 問）

　　　*Tom may is moving to Chicago this winter vacation.（76.3%）

　　　*Mary will is coming to the party soon.（81.8%）

考察：現在進行形に関する本 GJT は 3 種類に分かれている。文法形態素の困難度順序を調査した多くの先行研究結果から，一般的に，現在進行形の形態素 -ing は，初級の頃より発話でほとんど脱落させないと言われてきた。そのことを踏まえると，「3A：-ing が脱落した誤り」の正答率（is speak が 72.5%，is wear が 64.0%）は意外に低い数字であるかもしれない。「3B: be が脱落した誤り」の方が正答率が高かった。他の種類と比べると若干の違いではあるが，「3C: 助動詞の後ろに「is+-ing」が付加された誤り」の正答率が最も高かった。

4.4　冠詞の誤りに関する GJT の結果と考察

4A：必要な冠詞が脱落した誤り（2 問）

　　　4A-a：*Tom often reads book in the bathtub.（31.4%）

　　　4A-b：*John went to library yesterday.（39.8%）

4B：不必要な冠詞が付加している誤り（2 問）

　　　4B-a：*I think that the red is a beautiful color.（24.6%）

　　　4B-b：*Tom likes the basketball.（50.4%）

考察：多くの先行研究において，冠詞は JLEs が最も苦手とする英文法項目であると言われてきた。実際，今回の GJT においても「4A：必要な冠詞が脱落した誤り」の正答率は 3 割台（book：31.4%，library：39.8%）で，やは

り低かった。一方，「4B：不必要な冠詞が付加している誤り」の方も低正答率であったが，2つの名詞の正答率に大きな差があったことは興味深い（the red：24.6%，the basketball：50.4%）。この差がなぜ生じたのかの謎解きは今後の課題となる。

4.5　代名詞の誤りに関する GJT の結果

5A：ジェンダーの不一致による誤り（2問）

　　　5A-a：*The girl saw himself in the mirror.（78.8%）

　　　5A-b：*Mary fell down the stairs but he didn't break any bones.（22.9%）

5B：代名詞の格変化の誤り（2問）

　　　5B-a：*Mr. Suzuki likes we.（86.4%）

　　　5B-c：*They bags are expensive.（89.8%）

考察：「5B：代名詞の格変化の誤り」は，英語初級者とは言えない本 JLEs にとっては判断しやすい誤りなのであろう，正答率も高かった（we が 86.4%，they が 89.8%）。一方で，「5A：ジェンダーの不一致による誤り」では興味深い結果が生じた。5A-a は 78.8% と高い数値を示したが，5A-b は 22.9% と低い正答率だったのである。現時点で考えられることは，「メアリーが階段から落ちて，そこにいた別人である he にぶつかったが，（その彼は）骨は折れなかった」と解釈した JLEs が多くいて，「この英文は適格文」と判断した可能性である。いずれにせよ，単文か重文か複文かという文構造によってのバイアスであるかどうかを今後さらに調査する必要がある。

4.6　自動詞と他動詞の誤りに関する GJT の結果と考察

6A：自動詞の過剰受動化の誤り（1問）

　　　6A-a：*The car accident was happened last night.（36.4%）

6B：他動詞の目的語脱落の誤り（3問）

　　　6B-a：*Mary looked at the flowers carefully but didn't buy.（4.7%）

　　　6B-b：*Mike wrote a letter but didn't send.（10.2%）

　　　6B-c：*John enjoyed very much in Hawaii.（5.5%）

考察：「6A：自動詞の過剰受動化の誤り」は，近藤 (2019) や白畑他 (2020) など，多くの研究で取り上げられ，そのメカニズムについての考察がおこなわれてきている。JLEs を含む多くの L2 英語学習者が，非対格動詞[8]と呼ばれる自動詞構文を産出する際に過剰受動化が起こりやすいのであるが，本 GJT においても，自動詞が過剰受動化した構文を「適切である」と判断する割合が 6 割を超えていることが判明し，文法性を判断するのが困難な項目の 1 つであることが分かった。「6B：他動詞の目的語脱落の誤り」，要するに必要とする項が脱落している誤り，の判断においては，さらに正答率が低く，6B-a：4.7%，6B-b：10.2%，6B-c：5.5% という正答率であり，この数字は，調査した全項目の中で最も正答率の低い項目で，冠詞以上に JLEs の苦手とする文法項目であると言ってよい。

4.7　動詞の下位範疇化の誤りに関する GJT の結果と考察

7A：「want + that 節」となった誤り（1 問）

　　　7A-a.：*I want that you will go to the bookstore right now.（44.5%）

7B：「refuse + that 節」となった誤り（1 問）

　　　7B-a.：*John refused that Mary came to his house.（6.4%）

考察：調査した want と refuse は，実験で使用された文の意味内容において，後ろに to 不定詞を取り，that 節は取らない。7A と 7B の結果を見ると，両方とも正答率は低いのであるが，特に refuse は低い。want との間で正答率の差が 38.1% ある。これはなぜであろうか。1 つの理由として，want は小学校での英語教育から使用される語で，教科書には「将来何になりたいか」という単元もあり，I want to be a doctor. など，want to をチャンクとして覚えているからかもしれない。一方で，refuse はこれまでの中学校英語検定教科書には登場しなかった動詞で，多くは高校で学習する[9]。このような動詞に対す

8　非対格動詞とは，自動詞の 1 種で，主語の意味役割として「主題」を取る動詞のことである（例：appear, happen）。一方，主語の意味役割として「動作主」を取る自動詞のことを非能格動詞という（例：run, walk）。詳しくは本書の第 8 章を参照されたい。

9　ただし，学習語彙数が増えた 2021 年度の中学校の教科書には refuse が載っているものもあった。たとえば，三省堂の *New Crown English Series*（3 年生用）の p. 72 に，refuse to

る「親密性」も影響しているのかもしれない。この下位範疇化の項目も，今後，調査する動詞を増やし，詳細に分析する価値のある項目である。

4.8　Wh 疑問文の誤りに関する GJT の結果と考察

8A：名詞句が wh 随伴していない誤り [10]（2 問）

  8A-a：*What do you like food?（84.3%）

  8A-b：*How many do you have books?（86.0%）

8B：主語 wh 疑問文に do が過剰付加されている誤り（2 問）

  8B-a：*Who did buy the book?[11]（25.8%）

  8B-b：*What did change Mary so much?（24.6%）

考察：「8A：名詞句が wh 随伴していない誤り」は，習熟度の低い学習者には比較的多く観察されるという研究結果がある [12]。しかし，今回の調査対象の大学生には困難な誤りではないことが判明した。対照的に，「8B：主語 wh 疑問文に do が過剰付加されている誤り」は，正答率が 25％で，日本語母語話者にとって文法性の判断が困難な文法構造であることが分かる。Shirahata et al.（2022）は，JLEs にとって，この主語 wh 疑問文は習得が難しく，wh 疑問文の統語構造の中で最も遅く習得する構造だと述べている。

4.9　語順の誤りに関する GJT の結果と考察

9A：SVO が *SOV となった誤り（2 問）

  9A-a：*The boy a cake ate.（94.5%）

  9A-b：*The girl the movie likes.（91.9%）

---

 do の用法ではないが，The driver said, "Give up your seat, or I'll call the police." She refused. The police came and arrested her. がある。

10　wh 随伴（wh pied-piping）とは，wh 要素が元位置から文頭に移動する時，関連する名詞句も一緒に文頭に移動することを言う。本文の例で言えば，what food や how many books のように，food や books が wh 語とともに先頭に移動するわけである。

11　did が強調と取れる文脈では文法適格文になる場合もあるが，今回の GJT のような場合には不適格文と判断される。

12　たとえば，横田（2017）

9B：SVO₁O₂ が *SVO₂O₁ となった誤り（2問）

    9B-a：*The woman asked the way to the station the policeman.（34.7%）

    9B-b：*Tom gave the book Nancy.（70.8%）

9C：SVOC が *SVCO となった誤り（2問）

    9C-a：*John made happy Mary.（88.6%）

    9C-b：*I always keep clean my room.（47.0%）

9D：副詞の位置の誤り（2問）

    9D-a：*Tom eats quickly his lunch.（60.2%）

    9D-b：*Kevin rides his bicycle to work usually.（74.2%）

9E：分詞の名詞修飾の際の語順の誤り（2問）

    9E-a：*Look at the crying on the bed baby.（83.9%）

    9E-b：*Made in Sweden chairs are very expensive.（67.8%）

9F：不変化詞の位置の誤り [13]（2問）

    9F-a：*The man climbed the mountain up last year.（52.1%）

    9F-b：*John got the train on at seven o'clock.（42.8%）

考察：「9A：SVO が *SOV となった誤り」については，2問とも正答率が高く（90%以上），JLEs にとって文法性判断が容易な構造であることがわかる。「9B：SVO₁O₂ が *SVO₂O₁ となった誤り」は，9B-a（34.7%）と9B-b（70.8%）で，正答率が9Aに比べて大きく低下している。さらに，9B-a と 9B-b の間でもその正答率が大きく異なっていた（36.1%の差）。これはなぜか。今後検討すべきであるが，2つの目的語，いわゆる直接目的語と間接目的語の語順を理解していない学習者が大学生にもいるということである。別の観点から，9B-a と 9B-b の差は，文の長さが影響した可能性も考えられる。この点も今後の研究で明らかにしていきたい。

  「9C：SVOC が *SVCO となった誤り」においても，2つの英文間の文法性判断の正答率が大きく異なっていた。9C-a の正答率は88.6%であるのに対し，9C-b は47.0%で，その差が41.6%あった。9C-b の英文，I always keep

---

13　不変化詞というのは，ここでは climb up や get on などの up や on を指して言う用語である。語形変化のない冠詞，副詞，前置詞，接続詞，間投詞などの総称である。

clean my room. で，clean を形容詞として考えず，動詞の用法としての clean とみなしてしまったからであろうか。または，keep clean で，「きれいに保つ」とみなしてしまったのかもしれない。

　「9D：副詞の位置の誤り」の正答率は，9D-a：*Tom eats quickly his lunch. は 60.2% で，9D-b：*Kevin rides his bicycle to work usually. は 74.2% となり，その差が 14.0％あり，「動詞＋副詞＋目的語」の方をより容認することが判明した。この差についても，2 つの異なる副詞の位置では本当に習得困難度が異なるのか，今後の研究で確かめる必要がある。

　「9E：分詞の名詞修飾の際の語順の誤り」でも，2 つの質問文の間で正答率に 16.1％の差があった。9E-a の *Look at the crying on the bed baby. の正答率は高く，83.9% であった。かなりの割合でこの英文は文法的に不適格であることが認識できていることになる。一方，9E-b：*Made in Sweden chairs are very expensive. の正答率は低く，67.8% であった。[made in Sweden] 全体で 1 つの形容詞句（または名詞句）のような捉え方をする JLEs が多いということなのであろうか。「9F：不変化詞の位置の誤り」についても正答率が高いとは言えない結果となり（9F-a：52.1%, 9F-b：42.8%），JLEs には習得困難な文法項目の 1 つであることが判明した。

4.10　前置詞の誤りに関する GJT の結果と考察

10A：for を to とする誤り（1 問）
　　10A-a：*John bought a present to Mary.（43.6%）
10B：to を for とする誤り（1 問）
　　10B-a：*Tom sent some flowers for Mary.（45.8%）

考察：「前置詞の誤り」とは言っても，今回は to と for の使い分けの用法のみの調査となった。もちろん，より大規模な調査をしなければ，前置詞の用法の困難度順序の解明はできないことは言うまでもない。とはいえ，今回の調査で，「10A：for を to とする誤り」と「10B：to を for とする誤り」では同程度の困難であることが判明した（10A：43.6%, 10B：45.8%）。実験参加者の半分以上が，中学校で学習する前置詞の学習事項を大学 1 年生の段階でも依然として理解していないことが判明した。

4.11 主題と主語の混同による誤りに関する GJT の結果と考察

11A：主題句と主語句との混同による誤り（2 問）

    11A-a：*My family is five people.（28.4%）

    11A-b：*I am tired because today is busy.（22.5%）

考察：「私の家族は 5 人だ」「今日は疲れた」は日本語では適格文である。「A は B だ」の構造を持つ文（言語学の世界では「ウナギ文」とも称される）を主題文という。日本語は主題を文頭で多く使用する主題卓越言語である。一方，英語は主語を文頭に置くことの多い主語卓越言語である。JLEs は日本語の主題卓越構造を，英語に直訳して使用する傾向にある [14]。本実験でもこの傾向が如実に表れる結果となった。11A-a, 11A-b ともに正答率が 3 割を切っている（11A-a：28.4%, 11A-b：22.5%）。英語の主語卓越構文の習得は JLEs にとって最も困難な文法項目の 1 つである。

4.12 関係代名詞の誤りに関する GJT の結果と考察

12A：代名詞（目的語）が残留する誤り（2 問）

    12A-a: *The girl whom I met her yesterday was Mary.（66.1%）

    12A-b: *The watch which Mary bought it in London was very expensive.

                                          （74.2%）

考察：「12A：代名詞が残留する誤り」について，本実験で使用した統語構造は，12A-a, 12A-b ともに，関係代名詞節が主節内に埋め込まれ，先行詞は主節の主語（S），関係代名詞は目的語（O）となっている構造で，この関係は SO と表せる。実験結果から，残留している代名詞の存在を認識するのがやや困難であることが判明した（12A-a：66.1%, 12A-b：74.2%）。12A の SO 構造の正答率は他の構造，すなわち，下記に示す OS, SS, OO 構造での代名詞残留の場合も同等の困難度を示すのか否かという問題も今後の検討課題となる。

・John met a French girl who <u>she</u> loves sushi.（OS）

・Ken knows a girl who(m) we met <u>her</u> yesterday.（OO）
・The girl who knows Ken <u>she</u> came from France.（SS）
　白畑（2021）によれば，JLEs の一般的な関係代名詞節の発達は，「OS ＞ OO ＞ SS ＞ SO（易＞難）」の順になるという。そして，GJT においてもこの困難度順序が当てはまるならば，実験に使用した関係代名詞節構造は SO であるから（つまり，習得が最も困難な構造），残りの 3 つの構造を調査すると，12A の正答率よりも高くなることが予想される。今後早急に調査したい。

4.13　関係副詞の誤りに関する GJT の結果と考察
13A：前置詞が残留する誤り（2 問）
　　　13A-a：*This is the house where Taro lives in.（47.5%）
　　　13A-b：*The day when he was born on was Sunday.（41.9%）

考察：「13A：前置詞が残留する誤り」の認識は，同じ「残留」という項目でありながら，「12A：代名詞が残留する誤り」よりも JLEs にとってさらに習得が困難な文法項目であることが判明した（13A-a：47.5%，13A-b：41.9%）。代名詞が残留する構造よりも，前置詞が残留する構造の方が文法性を判断するのが困難なのである。日本語との対応関係において，日本語には前置詞に相当する要素が現れないことも原因なのかもしれない。つまり，「これは太郎が住んでいる家です」や「彼が生まれた日は日曜日だった」となり，in や on に相当する直接的な要素が現れないのである。
　今後は，関係代名詞を使用した，
・*This is the house which Taro lives.
・*The day which he was born was Sunday.
といった英文構造の GJT の正答率と本実験結果とを比較することで，新たに興味深い事実が浮かび上がってくる可能性がある。

5.　おわりに
　限られた紙幅のために，十分な議論を尽くせたとは言い難いが，筆者たちの取り組もうとしている研究の一端を理解いただけたと思う。本予備調査からも様々な知見が得られた。まず，同じ文法項目に属するものであっても，

それが使用される文脈によって習得困難度が異なる可能性があるということ
だ。また，記憶力と密に関連していそうな項目は，項目（語句）ごとに誤り
の割合が変わる可能性がありそうである。さらに，母語からの影響は無視で
きないことも再確認できた。

　本調査では実験に GJT を使用した。GJT は多くの項目を平等に調査する
には良い方法である。しかしながら，実験参加者にある程度考える時間を与
えてしまい，無意識の言語知識を使用して回答するというよりも，意識的な
知識を活用させてしまう危険性もはらんでいる。今後は GJT 以外の方法で
も調査して，その結果を比較する必要性があるだろう。

【外国語教育に関わる人が知っておくべきポイント】

・ 母語獲得時と同様に，教室で外国語を学習する場合にも項目別の学習困難
　度というものがありそうだ。
・ どの文法項目も同程度に習得困難なわけではないし，習得が容易なわけで
　もない。
・ 同じ文法項目であっても，それが使用される言語環境や用法によって困難
　度が異なる可能性がある。
・ L2 習得研究には早急に解明されるべきことで，依然として解明されてい
　ないことが山のようにあり，地道に調べていくことが大切だ。

【執筆者から読者へのメッセージ】

　基礎研究によってのみ，L2 学習者の言語体系（中間言語体系）の解明が進
む。解明するには時間がかかるだけでなく，根気のいる地味な作業ともな
る。しかし，基礎研究を積み重ねることで，初めてどのような教え方をする
と効果的であるのかの基礎データを得ることができるのである。

付　記

データ収集にあたり，ご協力下さった須田孝司先生，近藤隆子先生，大瀧綾乃先生，田村
知子先生，児玉恵太先生には厚く御礼申し上げます。本研究は，科研費（18K00747）の助成
を受けています。

参照文献

DeKeyser, R. M. (2000). The robustness of critical period effects in second language acquisition. *Studies in Second Language Acquisition*, *22*(4), 499–533. https://doi.org/10.1017/S0272263100004022

Dulay, H., & Burt, M. (1973). Natural sequences in child second language acquisition. *Language Learning*, *24*(1), 37–53. https://doi.org/10.1111/j.1467-1770.1974.tb00234.x

Dulay, H., & Burt, M. & Krashen, S. (1982). *Language two*, Oxford University Press.

Johnson, J. S. (1992). Critical period effects in second language acquisition: the effect of written versus auditory materials on the assessment of grammatical competence. *Language Learning*, *42*(2), 217–248. https://doi.org/10.1111/j.1467-1770.1992.tb00708.x

Johnson, J. S., & Newport, E. L. (1989). Critical period effects in second language learning: The influence of maturational state on the acquisition of English as a second language. *Cognitive Psychology, 21*(1), 60–99. https://doi.org/10.1016/0010-0285(89) 90003-0.

近藤隆子 (2019).「第二言語学習者による自動詞の習得」白畑知彦・須田孝司 (編)『言語習得研究の応用可能性―理論から指導・脳科学へ―』(pp. 31–68). くろしお出版.

Krashen, S. D. (1985). *The input hypothesis*. Longman.

Shirahata, T. (1988). The learning order of English grammatical morphemes by Japanese high school students. *JACET Bulletin, 19*, 83–102.

白畑知彦・若林茂則・須田孝司 (2004).『英語習得の「常識」「非常識」―第二言語習得研究からの検証』大修館書店.

白畑知彦 (2021).『英語教師がおさえておきたいことばの基礎的知識』大修館書店.

白畑知彦・近藤隆子・小川睦美・須田孝司・横田秀樹・大瀧綾乃 (2020).「日本語母語話者による英語非対格動詞の過剰受動化現象に関する考察―主語名詞句の有生性と動詞の完結性の観点から―」白畑知彦・須田孝司 (編)『第二言語習得研究の波及効果―コアグラマーから発話まで―』(pp. 31–55). くろしお出版.

Shirahata, T., Yokota, H., Suda, K., Kondo, T. & Ogawa, M. (2022). The acquisition of subject *wh*-questions by Japanese learners of English. *Second Language, 20,* 5–26. https://doi.org/10.11431/secondlanguage.20.0_5

横田秀樹 (2017).「中学生による英語の疑問文と否定文の習得」『中部地区英語教育学会紀要』*45*, 87–94. https://doi.org/10.20713/celes.46.0_87

横田秀樹・白畑知彦 (2021).「大学生の英文法習得難易度順序の調査」『中部地区英語教育学会紀要』*50*, 251–258.

執筆者一覧（執筆順）

上田　功（うえだ いさお）
　　名古屋外国語大学 外国語学部 教授・大阪大学 名誉教授

寺尾　康（てらお やすし）
　　静岡県立大学 国際関係学部 教授

小川睦美（おがわ むつみ）
　　日本大学 商学部 准教授

須田孝司（すだ こうじ）
　　静岡県立大学 国際関係学部 教授

吉田智佳（よしだ ちか）
　　天理大学 国際学部 准教授

平川眞規子（ひらかわ まきこ）
　　中央大学 文学部 教授

大滝宏一（おおたき こういち）
　　中京大学 国際学部 准教授

近藤隆子（こんどう たかこ）
　　法政大学 文学部 講師

若林茂則（わかばやし しげのり）
　　中央大学 文学部 教授

白畑知彦（しらはた ともひこ）
　　静岡大学 教育学部 教授

横田秀樹（よこた ひでき）
　　静岡文化芸術大学 文化政策学部 教授

編者

大瀧綾乃（おおたき あやの）　静岡大学 教育学部 講師

中川右也（なかがわ ゆうや）　三重大学 教育学部 准教授

若林茂則（わかばやし しげのり）　中央大学 文学部 教授

［シリーズ編者］大瀧綾乃・須田孝司・中川右也・横田秀樹・若林茂則

第二言語習得研究の科学 1　言語の習得

初版第 1 刷―――2023年 3月30日

編　者―――――大瀧綾乃・中川右也・若林茂則

発行人―――――岡野秀夫

発行所―――――株式会社 くろしお出版

　　　　　　　〒102-0084　東京都千代田区二番町4-3
　　　　　　　［電話］03-6261-2867　［WEB］www.9640.jp

印刷・製本　シナノ書籍印刷　　装　丁　井之上 聖子